李 忠 主编

通往智慧的阶梯 2
——小学英语项目化学习实践方略

上海社会科学院出版社

编　委

主　编：李　忠

副主编：张余珏　仰雯玥　陆雯婷　汪邵飞

编　委：沈煌琦　周　昱　汤文茵　张　雯
　　　　　吴瑾芬　吉晔雯　卞晓阳

序　言

随着2017年版普通高中英语课程标准的颁布,从知识取向走向素养导向的基础教育课程改革进入了一个新的历史时期。教育的目的发生了转变,教育的手段也随之变革,项目化学习正是在这样的一种背景下应运而生。杨浦小学作为上海市第一批和第二批项目化学习的市级实验校,十年间,他们大胆探索、研究、实践。《通往智慧的阶梯2——小学英语项目化学习实践方略》犹如一幅画卷,见证了杨浦小学英语学科团队近十年所积累的宝贵经验。

项目化学习是一种学习方式,而非一种活动。项目化学习关注学习方式的变革,《义务教育课程方案(2022年版)》第五部分"课程实施"的"深化教学改革"中明确要求,"积极开展主题化、项目式学习等综合性教学活动,促进学生举一反三、融会贯通,加强知识间的内在联系,促进知识结构化"。项目化学习作为一种落实学生核心素养培育的教与学的方式,旨在推动学生在一段时间内对学科的本质问题和驱动性问题进行深入持续的探究,在运用相关学科知识、元认知、批判性思维、沟通与合作等能力创造性解决问题、形成公开成果的过程中,持续加深对核心学科知识的理解,最终能迁移到新的情境中并运用。由此可以看出,项目化学习即为中观层面的单元教学,也是深度学习核心理念的反映。上海小学英语学科作为单元教学设计与实施的先行者、教育部深度学习项目的实践研究者,为推动项目化学习的有效实施提供了厚实的实践研究基础。

然而,项目化学习如何在小学英语学科中践行依然困扰着诸多一线教师。困扰源自教师对项目化学习不同类型概念的模糊;困扰也源自因小学生语言能力的不足而难以实施。杨浦小学英语团队在长期的研究中,精准选择了可用于小学英语学科教学的"学科项目化学习"类型。精准锚定了项目化学习的作用主要体现在"习得语言"和"用语言进行学习",淡化了"学习语言本身"。翻开本书目录,一个个鲜活案例跃入眼帘,从案例名称Civilization Guardians(文明守护者)、Tomorrow Educator(未来教育家)、Sports Clubs(运动社团招新)、Night at Museums(博物馆奇妙夜)、Holiday Creators(节日创造家)、Seasonal Fun Guide(四季游乐指南)中不难捕捉到项目化学习的核心理念,即基于核心知识创设问题情境,以挑战性任务激发学生学习、探究的欲望。在细细阅读了 Holiday Creators(节日创造家)的设计后,又能清晰捕捉到学科项目化学习支持学生主动找寻解决问题、理解英语学科的思维结构与价值意义,培育学生合作意识、责任意识和创造意识等重要品格的办法与路径。特别是"如何正确且有逻辑地介绍一个节日?""如何总结与归纳节日的共同特征?"这两个问题的设计,与《义务教育英语课程标准(2022年版)》中的"课程目标"的要求不谋而合。基于英语课程标准的学科项目化学习设计为"英语教学"走向"英语教育"开创了一条新路,由此发生的课貌、课质、课效变化也有力回应了"培养什么人?怎样培养人?为谁培养人?"三个教育的根本问题。

虽然杨浦小学英语学科团队开展的是关于项目化学习的实践研究,实则他们也是以此项目为抓手,通过任务驱动快速实现了教师教学理念的更新,促进英语课程核心素养在教学中落地、生根、发芽、开花、结果。

祝贺《通往智慧的阶梯2——小学英语项目化学习实践方略》的出版。我相信,这一定不会是教学实践研究之路的终点,而是教研、教学再出发的新起点。

寥寥数语为序。

上海市教师学研究会英语教师专业委员会会长
上海市教育学会中小学外语教学专业委员会秘书长
教育部上海小学英语教研基地主持人
朱浦
2023年12月30日

目　录

序言 …………………………………………………………………（1）

第一篇　WOW PBL：英语学科项目化学习探新

新课标视域下英语学科教学存在的问题和困境 ……………张余珏（3）
"WOW PBL"课程：内涵、特征及其框架建构 ………………仰雯玥（6）
英语学科项目化学习"PEPS"模式的建构与实践 ……………张余珏（17）
以"学"为中心的英语项目化学习课堂样态的实践研究
　……………………………………李　忠　汪邵飞　张余珏（26）

第二篇　启慧：发现自己
Wonderful You: Developing Self-Awareness

"英"你而乐(Fun with English) ………………………………汤文茵（47）
LE 专栏撰稿人(LE Columnists) ………………………………张余珏（56）

第三篇　启行：面向未来
Outstanding Opportunities: Preparing for the Future

文明守护者(Civilization Guardians) ……………………………沈煌琦（74）
未来教育家(Tomorrow Educator) ………………………………陆雯婷（86）
运动社团招新(Sports Clubs) ……………………………………张余珏（98）
博物馆奇妙夜(Night at Museums) ……………………………周　昱（108）

节日创造家(Holiday Creators) ·· 仰雯玥（126）

第四篇　启新：探索自然
Wondrous World：Exploring Nature

四季游乐指南(Seasonal Fun Guide) ·· 张　雯（149）
我们的动物星球(Our Zootopia) ·· 仰雯玥（166）

参考文献 ··（177）

后记 ··（187）

第一篇

WOW PBL：英语学科项目化学习探新

新课标视域下英语学科教学存在的问题和困境

张余珏

全球一体化发展的今天,科技日新月异,英语作为全球使用人数最多的语言,其重要性不言而喻。在我国,英语作为中小学基础学科,一直以来备受教师和家长的重视。在《义务教育英语课程标准(2011年版)》明确要求整体设计教学目标、重视英语的实践性、丰富英语学习资源后,广大英语教师不懈努力、迎难而上,英语的教学质量不断提升。但不可回避的是,当前小学英语课堂仍然存在以下三个共性问题:

一是强调语言技能训练。义务教育英语课程要求的是工具性和人文性的统一,但英语课堂重工具性而轻人文性的现象普遍存在。很多英语教师重视语法知识的教授和讲解,擅长在文本中聚焦语法点并深入挖掘,围绕语法点给学生布置机械、反复的语法练习,而对于文本本身的意义、结构逻辑、文化背景等却视而不见。这种买椟还珠的做法舍本逐末,背离了外语学习的本质,即了解异国文化,比较中外文化异同,培养文化自信。久而久之,许多学生形成了英语枯燥乏味的错误认识,这使他们在英语学习中缺乏成就感,失去了学习兴趣,不利于英语学科核心素养的形成。

二是缺乏语言学习经历。语言学习是需要反复实践和应用的。然而,在如今许多英语课堂中,语言学习仍然脱离真实语境,缺乏使用语言的环境,没有丰富的学习活动和任务支撑英语学习,学生鲜少有学习的经历。不少英语课堂还是以教师照本宣科的讲授为主,学生更多地只是盲目跟读,听从要求抄写笔记,丧失主动对语言进行感知、品味和吸收的能力,自主学习能力无法得到有效的培养和激发。如此往复,学生难以应用所学的语言知识,低年级不会读、中年级不会说、高年级不会写……学生每每想要输出、表达,还是深陷"中式英语"泥淖,只能"言不由衷"。

三是忽视个性化学习要求。由于家庭对学生的期望不同和培养目标的差异,学生的英语基础水平参差不齐。而目前英语课堂的学习方式又难以同时满足不同能力水平学生个性化的需求,导致同学之间个体差异大,对学生的个人学习发展和教师的课堂教学都造成了极大的困难和挑战。

2022年4月,《义务教育英语课程标准(2022年版)》(简称"新课标")发布,新课标坚持问题导向,对一直以来存在于英语课堂的问题作出了回应。在理念上,英语课程要发挥核心素养的统领作用,要落实立德树人根本任务,坚持德育为先。在实施中,英语课程应当以主题为引领来选择和组织课程内容,践行学习结合、用创为本的英语学习活动观,倡导学生围绕真实情境和真实问题,激活已知,参与到指向主题意义探究的学习理解、应用实践和迁移创新等一系列相互关联、循环递进的语言学习和运用活动中。[①]

项目化学习(Project-Based Learning,又称"PBL""项目式学习"),即基于项目的学习,顾名思义,学生通过完成项目达成学习目的。在项目化学习中,学习者面对具有挑战性的问题,在一段时间内对以课程标准为核心的知识,通过自主学习或合作学习,将知识迁移运用进而创造性地解决真实问题。在这一学习过程中,学生有更多机会运用语言,他们成为学习的主宰者,决定学什么、怎么学、在哪学。不同能力水平的学生也能获得各自的学习空间,发掘成长点,促进学科核心素养的发展。学生在合作探索、解决问题的过程中,深化对英语学科知识的理解、应用和迁移,实现深度学习。由此可见,项目化学习的本质与新课标理念高度契合。在小学英语课堂中实施项目化学习是极其有必要的,有利于学生学科核心素养的培育,有助于新课标育人要求的落实。

自上海市教委出台《上海市义务教育项目化学习三年行动计划(2020—2022年)》以来,越来越多的英语教师投身英语项目化学习的开发和实施,一时间百花齐放。可以看到,英语学科项目的实施从一定程度上体现了教与学的变革,更多的学生作为学习的主体能够主动参与到学习活动中,他们学习知识、应用知识,在解决问题的过程中逐渐将学科知识转化为素养,综合能力也获得了提高。但从项目反馈和教师反思等来看,目前英语学科项目化学习仍有以下困境:

一是项目缺乏真实语境。项目化学习的一个显著特点就是真实性。项目化学习的驱动性问题应当源于真实世界,或者至少应当能引导学生勾连生活从而产生真正的思考。而英语项目化学习普遍难以提供真实语境,其中一个很重要的原因在于,我们所生活的环境是汉语环境,学生之间在英语课堂以外纯用英语交流本身就并非自然。基于这一点,许多老师往往会设置"有几位外国友人要来我校参观"诸如此类的虚拟情境,以期使英语学科项目合理化,为项目化学习提供真实性。殊不知这种给项目"穿外套"的做法并不能瞒过学生,学生们很清楚这只是老师为了

---

① 中华人民共和国教育部.义务教育英语课程标准:2022年版[M].北京:人民教育出版社,2022.

让他们完成学习任务而编的"故事"。如果学校有对外交流的资源,能够给学生提供国际交流的机会,当然是最理想的。如若不然,那么项目化学习一定要给学生提供成果发布的机会,创造接近真实生活的解决问题场景,以此推动学生对成果进行不懈探索,在运用学科知识的同时获得解决问题的能力。

二是学生语言储备匮乏。项目化学习的介入有利于英语课程工具性与人文性的融合。然而,英语和其他学科有一重大区别:在基础教育阶段的几乎所有课程中,学生使用的工具语言是汉语,学习目标是各个学科的知识,汉语作为母语,在理解和表达上都不会对学生造成困扰和挑战。而学生在英语课堂中,使用的工具语言是英语,而语言中的很大一部分内容又同时是学习目标。这就导致学生在英语学科项目化学习中,不可能像其他学科项目一样随心所欲地使用工具语言进行输出和表达,更遑论对有些学生而言,理解英语的文本和资料都成问题。由此导致学生在开展项目化学习时,在分解驱动性问题、合作探索、制作成果、发布成果等各阶段都只能浅尝辄止,触及不到问题本质。语言受限,思想受阻,使得英语学科项目化学习的开展流于表面。

三是核心素养发展无迹可寻。项目化学习是学习的"主食"而非"餐后甜点"。因此,教师不能仅将项目化学习作为活动让学生们体验,而是要将项目化学习各阶段融入日常课堂中,这意味着教师需要打破原有的教材框架,基于项目的主题和内容进行设计和重构,并且将课堂的主动权让渡给学生。

语言的学习需要日积月累才能获得循序渐进的发展,很多开展项目化学习的教师都会有这样的担忧:在新型的课堂样态下,课堂似乎热闹起来了,但如何确保学生真正掌握了核心语言知识与技能?项目目标以及教学目标能否达成?进而如何在项目推进过程中逐步落实学科核心素养的发展?

为突破上述困境,杨浦小学英语教研组开展了多轮实践研究和反思,对小学英语学科项目化学习进行了项目群设计,并总结形成了项目化学习"PEPS"模式。

"WOW PBL"课程：内涵、特征及其框架建构

仰雯玥

近年来，在全面深化课程改革、落实立德树人根本任务背景下，项目化学习得到了广泛的关注与实践。项目化学习作为一种学习方式，旨在培养学习者适应终身发展和社会发展需要的必备品格和关键能力。2021年，杨浦小学在新的五年规划中以"出新"阐发学校教育哲学。"出新"体现了学校在办学思想上的继承和创新，也体现了学校在教育改革过程中守正出新、不断完善自己、不断超越自己的理念和价值追求。"出新"意味着在继承的基础上，善于探索新知，敢于挑战权威，以创新作为个人和学校共同体的价值取向；"出新"也意味着尊重个性发展，推陈出新，求新求变育新人，用新的观念育人，用新的眼光看教育，在求新求变的道路上，在育人的道路上，时时刻刻与时俱进。基于以上学校教育哲学，提出了"让每一个生命出新出彩"的办学理念。在此基础上，学校以"每一个孩子成为'健康、懂事、聪明'的杨小学子"为育人目标，始终以学生的发展为中心，创新和实践新的学习方式，其中项目化学习是学校的主要探索方向。

为此，学校组建了项目化学习研究团队，并首先选择在英语学科尝试构建"出新课堂"，把项目化学习作为课堂转型、实现"出新"的重要路径。通过项目化学习，将教师教学方式和学生学习方式的研究经验与成果融入英语课堂教学，以学科项目化学习实践研究为重点，从以往侧重于培养学生扎实的知识基础，转向既关注知识同时也注重学生素养的发展。

在英语学科项目化学习实践过程中，研究团队发现了以下问题：一是项目之间逻辑不足，缺少顶层设计或整体规划。教师根据自己所教年级和即时教学进度进行项目化学习的尝试，项目内容选择随机，项目所在年段分布不均，无法构成体系。二是项目目标不够清晰，项目目标与课程目标不能很好地实现对接。在项目实施过程中，英语只能作为一种语言工具，仅发挥了字词翻译功能，学科内容与育人价值的整体设计不足，难以体现英语课程工具性与人文性的统一。

基于此，研究团队开展了英语学科项目群课程体系建构的探索，尝试以英语学科项目为单位，对应新课标课程内容结构，形成按年段实施的课程三大项目主题模

块,以及下属六个子项目群。在一年级到五年级分别开展多轮典型英语学科项目的设计与实践研究,初步基于英语学科核心素养构建了"WOW PBL"英语学科项目化学习课程(简称"'WOW PBL'课程"),帮助学生在真实情境中运用知识解决问题,培养面向未来所需的能力,获得个性化的成长。

一、课程内涵及特征

(一)"WOW PBL"课程内涵

《义务教育课程方案(2022年版)》指出,学校依据省级义务教育课程实施办法,立足本校办学理念,分析资源条件,制定学校课程实施方案,注重整体规划,有效实施国家课程。

以"精彩课程让学生英语学习活力出新"为课程核心理念,学校构建特色"乐英"(Let's English,简称"LE")课程,其中"WOW PBL"课程是杨浦小学对国家课程校本化实施的探索,是基于英语学科课程标准下的学科本质特点和英语学科核心素养,同时结合学校文化和项目化学习特征,有机整合英语学科内容和拓展内容,从而构建出的结构化学科项目群课程体系。研究团队以教材为依托,以发展学生的英语学科核心素养为切入点,挖掘相关资源,通过对相关视频、文章、绘本等的搜索,结合项目化学习的方式,对现行教材进行优化和完善。课程名称"WOW"的三个字母分别代表了"Wonderful You""Outstanding Opportunities""Wondrous World",分别对应"WOW PBL"课程三大项目主题模块。

"Wonderful You"全称为"启慧:发现自己(Wonderful You: Developing Self-Awareness)",指向"人与自我"范畴。学生在发现自我的过程中了解自己的个性、情感、认知和社交能力等方面的特点和特质,建立自我认知和自我表达能力。

"Outstanding Opportunities"全称为"启行:面向未来(Outstanding Opportunities: Preparing for the Future)",指向"人与社会"范畴。学生在体验不同社会身份的过程中,了解真实的社会与生活,建立自我与他人、自我与社会的联系,形成与发展足以面向未来的能力。

"Wondrous Nature"全称为"启新:探索自然(Wondrous World: Exploring Nature)",指向"人与自然"范畴。学生在主动观察自然环境、现象和事物的过程中,发现、探索和理解自然规律和奥秘,拓宽视野,提高素养,形成对自然的敬畏感和责任意识。

作为学校对国家课程校本化实施的全新尝试,"WOW PBL"课程含有英语学科特点和本校文化基因,满足学生个性发展需求,体现学校办学风格与价值。以课程子项目为单位,以学生的亲身经历为主要学习过程,注重实践活动,涉及人与自我、社会及自然的交互关系和道德教育。课程指向学生英语核心素养的培养,包括语言能力、学习能力、思维品质和文化意识,同时追求学生个性化、开放性、拓展性和多样性的成长与视野,为学生的未来发展奠定坚实的基础。

(二)"WOW PBL"课程特征

《义务教育英语课程标准(2022年版)》(简称"新课标")指出,义务教育英语课程体现工具性和人文性的统一,具有基础性、实践性和综合性特征。而项目化学习以问题驱动,让学生在真实情境中解决问题。结合新课标和项目化学习特点,"WOW PBL"课程体现了统一开放、实践体验、综合全面和真实自主的特征。

1. 统一多元

一方面课程具有统一性,具体表现在统一的育人目标、设计与实施标准以及资源供应。这种统一性可以确保课程的质量和效果,使得学生在学习过程中能够获得一致的教育体验和培养目标。另一方面,课程具有多元性特点,具体表现在目标的多元性、内容的宽泛性、时间空间的广域性以及评价的差异性。这种多元性可以满足学生个性化学习的需求,同时也可以促进学生在不同领域的全面发展和成长。

《"WOW PBL"课程手册》(简称"手册")为教师设计英语学科项目化学习及学生开展学科项目化学习实践提供支持。手册为教师提供了一系列详细的指导,包括选择项目主题、任务设计、评估标准和学生团队管理;手册为学生提供实用的学习策略和思维工具,帮助明确项目学习目标和要求,掌握项目基本流程和技巧,激发学习兴趣和积极性,有效组织和规划,自主研究和探索。手册为教师和学生提供了共同的语言和框架,促进有效沟通与合作。学生更自主地选择,更多元地表达,增强他们的学习主动性和创造力。

2. 实践体验

课程内的项目群结合不同年段学生需求、能力与兴趣,开展以学生为中心的实践性学习活动。重视发展学生的直接经验,通过问题、集体、自然对象、实践、动手、规则等情景,引导学生认识积极的传统价值观,接触自然,习得公则,学习做人做事。学生根据项目的难度或者其他因素循序渐进实施,在持续性的项目群实践中保持英语学习兴趣,促进语言运用,渗透情感,深化思维。

学校充分利用社会各界资源,为学生提供丰富实践体验。在完成"Incredible Insects(昆虫世界)"这一项目时,教师组织三年级学生前往上海昆虫博物馆。学生们通过观察和听取相关信息,了解了昆虫的生态、习性和分类等知识。参观过程中,有一个女生提出了一个非常有启发性的问题:"为什么我没有在昆虫馆看到蜘蛛呢?"这个问题不仅引起了其他同学的共鸣,也为教师开展进一步的项目化学习提供了契机。学生们在校内外进行了一系列昆虫主题的项目化学习活动,包括观察自选昆虫和自制昆虫模型等,实现"学以致用"。

3. 综合全面

一方面,课程内各个项目在知识目标和能力目标上各有侧重,统一在一起,可以涵盖学科学习内容的各个领域,涉及其中的诸多知识与技能,辐射多个年级。另一方面,在单个的项目中,学习目标不仅限于知识与技能相关的语言能力,更是涵盖了对英语学科核心素养下学习能力、思维品质和文化意识的综合培养。这种综合性的课程设计,可以更好地促进学生学科素养和综合能力的提高。

"Fun with English('英'你而乐)"项目中,一年级学生成为期末评价活动的设计者,自主参与听、说、读、写、表演活动的板块设计,思考和回顾一学期的英语学习内容。项目帮助学生更好地体验和感受语言,鼓励学生充分发挥语言综合运用能力,考虑学生间个体差异,让不同水平的学生都能积极思考、主动参与,满足学生的内在需求,关注学生的全面发展,充分凸显育人目标。

4. 真实自主

课程内的项目主题源于学生的生活,学生面对真实问题的挑战,更加全身心地投入,主动地理解与实践,充分地互动与交流。课程承认、尊重人的发展的差异与权利,注重学生的主体地位,尽可能满足学生的意愿、发挥学生的个性特长,鼓励自主活动,营造创造、实践的空间,使学生在活动中收获幸福感,获得有意义的成长与发展。

一个有意义的课程设计需要尽可能地挖掘学生周围的真实情境与问题,为学生在项目化学习与真实世界之间架起一道桥梁。在"My School(学校宣传官)"项目中,学生在校庆中作为学校宣传官,对外宾展示和介绍校园,探索的是身边真实的事件。在"Civilization Guardians(文明守护者)"项目中,学生找出校园中的错误标志并纠正,根据学校需求设计新标志,解决的是身边的真实问题。真实性让学生更好地理解所学内容的实际应用价值,更主动地去探究问题的本质和解决方法。

二、课程框架建构

(一)"WOW PBL"课程目标

在制定课程目标时,学校应该具有"世界的高度",考虑到国际化的趋势和全球化的背景,以培养具有国际视野和全球竞争力的人才为目标。同时,也要注重本土化的特点和文化传承,以培养具有民族自信和文化自觉的人才为目标。这样才能更好地满足学生的学习需求和社会的发展需求。此外,学校还应该考虑"历史的长度",思考学生未来的发展需求。在制定课程目标时,不仅要考虑到当下学生的现状和需求,还要考虑到他们未来十年、二十年乃至终身发展的需要。这样才能确保课程目标的长期性和可持续性,为学生的未来发展打下坚实的基础。基于此,杨浦小学以"每一个孩子成为'健康、懂事、聪明'的杨小学子"为育人目标,努力让"让每一个生命出新出彩",让每一个孩子都得到全面发展,展现自我才华,创造新的精彩。

中国学生核心素养课题组明确了中国学生发展核心素养体系总框架,以"全面发展的人"为核心,包括自主发展、社会参与和文化基础三个领域。新课标提出,英语学科的总目标围绕学科核心素养开展,具体要求为:发展语言能力、培养文化意识、提高思维品质和提高学习能力。

结合以上内容与学校的育人目标,学校确立了"WOW PBL"课程的目标:在以学生为中心的英语学科项目化学习中,充分调动学生英语学习的积极性,引导学生在英语学科项目中高投入、高认知地探索与创造,解决真实问题,获得有意义的学习结果,达成学生深度理解知识,发展语言能力、学习能力,培育思维品质和文化意识的目标,满足学生个性化和全面的发展需求。

(二)"WOW PBL"课程图谱

新课标指出,在英语教学中,在合理、有效使用教材的基础上,教师应积极利用和开发学校的各种资源,增强英语学习的真实性、鲜活性和实用性。"WOW PBL"课程是基于国家课程的内容重构与拓展延伸,是国家课程校本化的有效实施。通过充分理解和挖掘课标内涵,结合项目化学习特点,学校课程研发团队在进一步融合学校课程特色后,明确课程框架,设计满足学生个性化学习需求、促进学生学习热情、激发学生学习潜能的课程内容。

在新课标中,英语学科的课程内容分三级呈现,上海一至二年级学生学习一级内容,三至五年级学习二级内容。英语课程的主题共有三大范畴,分别是:"人与自我""人与社会""人与自然"。三大主题范畴下设十个主题群。其中,"人与自我"以"自我"为视角,设置"生活与学习""做人与做事"主题群;"人与社会"以"社会"为视角,设置"社会服务与人际沟通""文学、艺术与体育""历史、社会与文化""科学与技术"主题群;"人与自然"以"自然"为视角,设置"自然生态""环境保护""灾害防护""宇宙探索"主题群。

研究团队依据英语课程标准下英语学习课程框架及学校课程特色,基于课程目标及学校师生实际情况,确定了"WOW PBL"英语学科项目化学习课程框架(图1)。三大项目主题模块"启慧：发现自己""启行：面向未来""启新：探索自然"分别匹配新课标中的三大主题范畴。三大项目主题模块共设六个项目群,"启慧"模块指向"自我",设置了"快乐成长(Growing with Fun)""美德同行(Building Character)"子主题项目群;"启行"模块指向"社会",设置了"链接社会(Linking Community)""穿越文明(Bridging Civilization)"子主题项目群;"启新"模块指向"自然",设置了"守护地球(Protecting the Blue Planet)""飞向宇宙(Flying to the Universe)"子主题项目群。

图1 "WOW PBL"英语学科项目化学习课程图谱

(三)"WOW PBL"课程设置

根据研究团队最新一轮开展的英语学科项目的设计与实践研究,设定了"WOW PBL"英语学科项目化学习课程体系,课程三大项目主题模块及其下属的六个子主题项目群,覆盖一至五年级,共十个学期。按年段提供参考项目主题与项目资源,在实际项目设计与实施过程中,教师可与学生共同沟通并确定最终的项目名称与项目流程。具体"WOW PBL"课程体系设置如表1所示。

表 1 "WOW PBL"英语学科项目化学习课程体系

年级/学期	项目主题模块 子项目群	启慧：发现自己 Wonderful You: Developing Self-Awareness		启行：面向未来 Outstanding Opportunities: Preparing for the Future		启新：探索自然 Wondrous World: Exploring Nature	
		快乐成长 Growing with Fun	美德同行 Building Character	链接社会 Linking Community	穿越文明 Bridging Civilization	守护地球 Protecting the Blue Planet	飞向宇宙 Flying to the Universe
一年级	上学期	"英"你而乐 Fun with English		我是小学生 I'm a Pupil		小小农场 Little Farm	
	下学期	"英"你而乐 Fun with English	诚实守信 A Wolf's Coming	小小露营师 Camping Day		四季探秘 Four Seasons	
二年级	上学期	认识自己 About Me		友情咨询师 Friendship Forever			星辰大海 Amazing Sky
	下学期	我爱我家 I Love My Family	交通安全 Traffic Rules	色彩管理师 Colourful World	艺术经理人 Arts Clubs	动物星球 Zootopia	
三年级	上学期	我的家人 My Happy Family		市集创业家 Mini Market		昆虫世界 Incredible Insects	
	下学期	我的感受 My Five Senses	爱心义卖 Jumble Sale	小小设计师 Shapes and Colours	节日体验师 Happy Children's Day	四季游乐 Seasonal Fun Guide	
四年级	上学期	独特的我 A Better Me		学校宣传官 My School			气象世界 Weather on the Planets
	下学期	家庭生活 My Home Life	珍惜时间 Time Management	未来教育家 Future Educators	体育经理人 Sports Clubs	绿色家园 Earth Hour	
五年级	上学期	我的未来 My Future		社区规划师 Dream Neighbourhood	LE 撰稿人 LE Columnist		元素星球 Elements on the Planets
	下学期	健康生活 Healthy Living Habits	和谐共处 A Giant's Garden	文明守护者 Civilization Guardians	节日创造家 Holiday Creators	生命之旅 Life Cycle	

三、课程具体内容

(一) W——启慧：发现自己(Wonderful You: Developing Self-Awareness)

课程项目主题"启慧：发现自己"匹配新课标中"人与自我"这一主题范畴，重新整合课标子主题群"生活与学习""做人与做事"中的内容，下设"快乐成长(Growing with Fun)""美德同行(Building Character)"两个子项目群。

"发现自己"是学生了解自己的个性、情感、认知和社交能力等方面的特点和特质的过程，是学生在成长过程中逐渐建立自我认知和自我表达能力的关键环节。处理一切关系和问题的前提都离不开自我这个主体。小学阶段，低年级与中高年级的学生在自我认知和自我意识上存在差异，其自我需求亦有不同，但"发现自己"对于不同年龄段的学生而言都有着非常重要的价值和意义。

小学低年段学生的自我意识与自我认知不强，他们需要根据个人经验和他人的反馈来逐步建立自我认知，这样才能够建立自信心和自尊心。"发现自己"这一主题，可以帮助孩子大致了解自己的个性、兴趣爱好、优缺点、家庭等，让孩子更清晰地认识自己。在"I Love my family(我爱我家)"项目中，学生在母亲节和父亲节的真实情境下，学会关心自己的家人，学会表达对亲人的爱。在"About me(认识自己)"项目中，学生更好地认识自己的外在形象特征，观察和体验自己的内在感受，学会通过言语、行为、情感等多种方式来表达自己的需求、感受和想法，根据个人经验和他人的反馈意见，建立自我认知。在认识自我的过程中，孩子逐步适应所处的生活与学习环境，发挥自己的特长与优势，开始关心自己身边的家人、朋友，习得基本的道德规范，为将来取得更好的学习和生活成就奠定基础。

小学中高年段的学生逐渐走向青少年期，其所面临的人际关系越来越复杂，心理上也可能出现更多的复杂问题，如自我认知建立不足、自尊心较低、人际关系不佳等。"发现自己"这一主题，可以帮助孩子进一步探索自己的个性、兴趣爱好、优缺点等，从而找到自己的独特性，在学校和其他社交活动中获得更好的体验和反馈，强化自信心和自尊心。在"A Better Me(独特的我)"项目中，四年级的学生在深入探索自我的过程中，认识到自己的价值和特质，进一步悦纳自我、控制自我，形成健康的心理机制、健全的人格和良好的心态，从而最终成就自我，收获Wonderful You。

(二) O——启行：面向未来(Outstanding Opportunities: Preparing for the Future)

课程项目主题"启行：面向未来"匹配新课标中"人与社会"这一主题范畴，重新整合课标子主题群"社会服务与人际沟通""文学、艺术与体育""历史、社会与文化""科学与技术"中的内容,下设"链接社会(Linking Community)""穿越文明(Bridging Civilization)"两个子项目群。

"面向未来"是学生了解真实的社会与生活,走近和认识自己赖以生活的社会生活体系的过程,其生活体系包含家庭、朋友、学校和社会等各个层面。在此过程中,学生建立自我与他人、自我与社会的联系,激发社会责任与担当意识,发展批判性思维,形成解决问题、团队协作、信息技术等面向未来的能力。

在面向未来、面向世界的过程中,学生获得更加全面的成长和发展,具体体现在以下四个方面:第一,帮助学生了解世界。学生们是社会的一部分,了解他们所处的世界是他们应该具备的能力,在学习过程中,将社会与课堂知识进行联系,相当于拓宽了他们的社会视野。第二,培养学生的社会性意识。帮助学生意识到自己不是孤立的个体,而是社会中的一员。在"Future Educators(未来教育家)"项目中,学生找出杨浦小学及其结对的西昌航天学校课程之间的不同,作为"未来教育家"思考教育存在的问题及改善方案,启发学生拥有全球视野,培养学生从小具有改变世界的意识。学生所处的社会关系包括个体与个体、个人与社会整体的关系,在思考问题的过程中要考虑到社会或更广泛范围内其他因素的利益或影响,提高其对社会的责任感。第三,增强学生的社会体验。在这一模块的项目化学习中,每一个项目都需要学生带入真实世界的角色,如宣传官、创造家、规划师等。在"Sports Clubs(体育经理人)"项目中,学生担任学校体育社团经理人,在校园中宣传自己的运动社团。这种角色体验,打破了学生与社会之间的隔阂。学生在体验其他身份的内心世界的过程中也对他人产生共情,学生有意识了解并理解他人与自己的不同,进一步增强互动、沟通和交流,了解不同职业领域,为生涯教育奠定基础。第四,促进学生综合发展。学生在探索人类社会文学、艺术、体育、科技等领域的过程中,将学科知识和社会事物联系起来,在解决真实问题的过程中更好地锻炼学生的自我认知、交际、沟通等社会技能。

通过真实情境下的项目,鼓励学生关注学校、社会活动及存在的问题,品味艺术、体育、文学的魅力,思考科技与人类的关系。关注学生未来发展,着眼于培养学生未来所需能力,他们才能以不变应万变面对迅速发展的世界,赋予未来无限的Outstanding Opportunities。

(三) W——启新:探索自然(Wondrous World:Exploring Nature)

"探索自然"是学生主动观察自然环境、现象和事物等,以发现、探索和理解自然中规律和奥秘的过程,逐渐提升自然生态环境保护、自然灾害防范与自我保护的意识与能力的过程。自然界是世界的重要组成部分，水、空气、山川河流、动植物、地球、宇宙等都属于大自然的范畴。

对于学生而言，探索自然不仅能够拓宽学生的知识面和视野，提高科学素养和创造力，还可以促进学生情感和情绪的发展，培养其对自然的敬畏感和责任感，具体表现在以下四个方面：第一，可以激发学生的好奇心和求知欲。小学阶段的学生充满好奇心，对世界充满了探索的欲望。通过接触和探索自然，他们可以观察和体验大自然中的奇妙现象，持续探索花草树木、昆虫、天空、季节变化等方面，增强他们对自然的热爱和敬畏之情。第二，可以培养学生的观察力和感知力。在认识不同植物、动物和自然景观等的过程中，观察自然环境，探索自然奥秘，如在"Incredible Insects（昆虫世界）"项目中思考蜘蛛为什么不是昆虫？在"Amazing Sky（星辰大海）"项目中思考天空为什么是蓝色的？面对这些问题时，可以鼓励学生注意细节、发现问题、学会提问、观察规律、积极思考。第三，可以促进学生的想象力和创造力。在"Zootopia（动物星球）"项目中，学生带着对动物世界的无比热爱，充分发挥想象力，设计属于自己的动物形象。自然界充满了令人惊叹的美与神秘，壮丽的日落、璀璨的星空、奇特的地貌等都可以激发学生的想象，鼓励学生思考和创造出独特的理解和表达。第四，可以激发学生的探索精神和使命感。从地球到宇宙，自然世界的广袤和多样性将帮助学生拓宽视野，体验到人类对知识和未知的追求，超越自身的局限性，激发出他们的使命感，增强开放、包容精神和全球意识。

"探索自然"这一主题引导学生在探索不同自然主题，如天气和季节、动物和植物、自然环境、自然现象、环境保护等的过程中，建立正确的自然观、生态观、价值观，将尊重自然、顺应自然、保护自然的生态文明理念贯彻到学生培养的各个方面，促进人与自然的和谐共生的 Wondrous World。

"WOW PBL"课程以学生为中心，在项目化学习中激发学生的学习兴趣和动力。课程鼓励学生参与项目讨论、合作学习和实践活动，通过积极互动的方式培养其英语沟通能力和批判性思维。学生在真实而有意义的情境中进行项目化学习，在驱动性问题的引领下，将英语运用到实际场景中，解决真实问题。学生在提升语言运用能力的同时，培养了创新思维和团队合作精神，体验到语言学习的乐趣和成就感。课程注重满足学生的多元化需求，让学生选择适合自己的学习内容，激发他们的学习热情和自主学习能力。课程提供个性化辅导和资源支持，帮助学生克服学习困难，实现个人学习目标。

总之,"WOW PBL"课程的开发,旨在通过项目化学习的方式,建构一个全新的课堂环境,彰显学校英语课程的理念和价值观,满足学生多元需求,完善校园文化,为学生的英语学习提供全方位支持,帮助学生充分体验英语学习的快乐,有效落实学生核心素养的培育,为学生未来的职业发展、社会参与和个人成长打下坚实基础!

英语学科项目化学习"PEPS"模式的建构与实践

张余珏

《义务教育课程方案(2022年版)》(以下简称《方案》)提出义务教育课程要变革育人方式,突出实践,倡导"做中学""用中学""创中学",加强知行合一、学思结合。在课程实施中,《方案》进一步明确推进综合学习,并将项目化学习作为其中一种重要的途径。项目化学习促进学与教的方式变革,让学生们在真实的情境中思考、解决真实的问题,是能够有效落实新课程方案理念的教学方法之一。

近年来,越来越多的英语教师投身英语学科项目化学习的开发和实施,使得英语学科核心素养得以落实,更多的学生作为学习的主体能够主动参与到学习活动中,他们学习知识、应用知识,在解决问题的过程中逐渐将学科知识转化为素养,综合能力也获得了提高。但综合学生、家长、专家对项目的反馈,以及参与项目设计和实施的教师的反思,笔者发现,目前一线教师对于如何开展小学英语项目化学习实践还存在不少困惑。

一、英语学科项目化学习的现状

项目化学习从20世纪90年代起引入中国,对于项目化学习的研究始于2002年。刘景福《基于项目学习(PBL)模式研究》(2002)是国内首篇完整意义上关于项目化学习的文献。国内外学者对项目化学习的应用研究逐渐深入和扩展,项目化学习中学生的主体地位越来越被重视。在多个学科中实施项目化学习的实践表明,项目化学习对学生掌握学科知识,充分调动各种学习策略,积极投入学习,都有显著的效果。《义务教育英语课程标准(2022年版)》(以下简称"新课标")的发布使得基础教育界愈发关注和重视学生英语学科核心素养的培养,项目化学习也将发挥更大的作用。

英语学科的项目化学习是以项目为中心组织教学活动的语言教学模式,要求学习者综合运用语言知识、内容知识及综合技能去解决真实问题,完成真实任务,制作真实作品(徐永军,施晓盛,2016)。刘景福和钟志贤(2002)、周业虹(2018)、谢婷婷(2019)等针对项目化学习的实施,提出了项目化学习的一般步骤。林达珂、骆㼁(2022)引入斯坦福大学设计研究院创设的 EDIPT 模型,即"共情—定义—创想—具化—检测"五环节,探索提升高中英语项目化学习效果的模式和策略,为高中英语教师设计和实施项目提供框架。其他英语学科项目化学习的研究多从口语、阅读、词汇等单一课型切入,崔静梅(2019)、郭晓萍(2020)、吴婷(2021)的研究表明项目化学习对基础教育阶段的中小学生词汇积累、阅读策略以及主题理解有重要的作用。

中等教育阶段教育者对英语学科项目化学习的研究范围不断扩大,逐步涵盖项目化学习与听、说、读、写技能的培养,涉及写作、阅读等不同课型,至于项目化学习对思维品质、文化意识等英语学科素养的积极作用也多有探讨。

相较之下,小学英语学科项目化学习的实践和研究尚有三点不足:第一,英语学科项目化学习在小学阶段的研究较少,低年级较高年级少之又少,单一课型研究比整合型研究少。第二,英语学科项目化学习较少关注过程性。教师受到传统教学思维影响,注重学习结果忽视学习经历,导致项目进行中缺乏学生主动探索、建构、批判、反思的过程,有其形而无其神。第三,英语学科项目化学习研究中多实践案例,缺乏易于推广的模型、策略和路径。

因此,开展小学英语项目化学习实施模式与实践的研究,关注小学英语学科项目化学习与语言实践活动的有机融合,促进学生英语学科核心素养的发展,是非常有意义而具有价值的。

二、项目化学习"PEPS"模式的建构

基于以上问题,杨浦小学研究团队通过实践研究,探索提升小学英语项目化学习的有效模式和策略,逐步形成了小学英语项目化学习"PEPS"模式。

(一) 项目化学习"PEPS"模式

早在 20 世纪,欧美国家已经开始项目化学习的研究。其中,美国巴克教育研究所提出了项目化学习的"金标准"(Gold Standard)被许多教育研究者广为接受与认可,该"金标准"包含"设计金标准"(挑战性问题、持续的探究、真实性、学生的声音与选择、反思、反馈与修订、公开成果)及"教学实践金标准"(设计与规划、对齐标准、创建文化、管理活动、搭建支架、评价、参与和指导)[1],明确了项目化学习的特征

---

[1] 参见 PBL Works — Buck Institute for Education. Gold Standard PBL: Essential Project Design Elements [EB/OL]. (2019-03-26). https://www.pblworks.org/what-is-pbl/gold-standard-project-design.

要素,也被视作具有导向性的操作指引。然而这一标准并不能很好地适应我国的课堂和课程逻辑。

基于指向中国学生发展核心素养,国内学者对项目化学习的流程做了本土化的设计。夏雪梅提出项目化学习的六阶段(入项活动、知识与能力建构、探索与形成成果、评论与修订、公开成果、反思与迁移)[1],帮助教师明确项目化学习的学习经历,并能据此进行项目化学习的学习设计。桑国元结合课程发展阶段理论设计了指向核心素养的项目式学习"三六"标准模型,囊括项目式学习的设计、实施、评价三大要素,并针对每个要素提出了具体可行的六个标准[2],与新课标倡导的"教—学—评"一体化的理念吻合。这些模型的建构助力了项目化学习本土化的实施和推进,也体现了国内研究者对项目化学习的认识由浅表的探究式、开放式的学习活动,发展为追求更完整的教学流程设计。然则推行到小学课堂中,项目化学习步骤过于繁复、术语复杂专业,学生难以理解和操作。

杨浦小学从2016年起推进项目化学习的实践,在多年的行动研究中,对各类型的项目进行解析,找到了项目化学习中普遍具有的"模式",提炼具有普适性意义的学科项目实施的模型。为验证模型的可行性,选取英语学科作为试点学科,在分析新课标和上海地区现行教材《英语(牛津上海版)》主题内容后,结合学生生活学习实际情况、心理特点及认知发展,建构了指向英语核心素养培育的"WOW PBL"英语学科项目化学习课程,在一至五年级英语课堂中全面铺开项目化学习。在一轮实践后,初步形成了项目化学习的"PEPS"模式(图1)。

该模式以学习者为中心,从学生视角梳理项目化学习流程,包含Problem(问题提出)、Exploration(项目探索)、Production(成果研发)、Show(项目小结)四个阶段要素。这四个阶段的首字母合成英语单词"PEPS",意为"活力",也构成了项目实施理念,即为学习者注入活力,引领每一位学习者自主参与到学科项目化学习中,在项目化学习中,不断挑战自我、求新创新。这一理念正应和了杨浦小学一直以来的"出新教育"教育哲学,"出新"语出"守正出新",即在继承传统的基础上,善于探索新知,敢于挑战权威。

(二) 项目化学习"PEPS"模式要素阐释

下面结合五年级英语学科项目化学习案例"Holiday Creators(节日创造家)",

---

[1] 夏雪梅.项目化学习设计:学习素养视角下的国际与本土实践[M].2版.北京:教育科学出版社,2021.
[2] 桑国元,叶碧欣,黄嘉莉,等.构建指向中国学生发展核心素养的项目式学习标准模型[J].中国远程教育,2023(6):49-55.

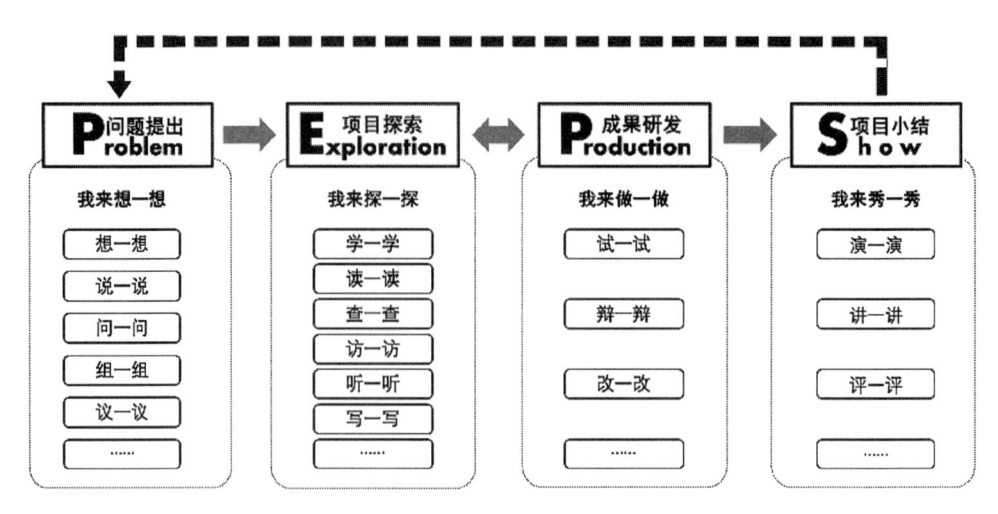

```
┌─────────────┐   ┌─────────────┐   ┌─────────────┐   ┌─────────────┐
│ P 问题提出  │ → │ E 项目探索  │ ↔ │ P 成果研发  │ → │ S 项目小结  │
│  roblem     │   │  xploration │   │  roduction  │   │  how        │
├─────────────┤   ├─────────────┤   ├─────────────┤   ├─────────────┤
│ 我来想一想  │   │ 我来探一探  │   │ 我来做一做  │   │ 我来秀一秀  │
│  想一想     │   │  学一学     │   │  试一试     │   │  演一演     │
│  说一说     │   │  读一读     │   │             │   │             │
│  问一问     │   │  查一查     │   │  辩一辩     │   │  讲一讲     │
│  组一组     │   │  访一访     │   │             │   │             │
│  议一议     │   │  听一听     │   │  改一改     │   │  评一评     │
│             │   │  写一写     │   │             │   │             │
│  ……         │   │  ……         │   │  ……         │   │  ……         │
└─────────────┘   └─────────────┘   └─────────────┘   └─────────────┘
```

图 1 项目化学习"PEPS 模型"

详细阐述项目化学习"PEPS"模式的各要素阶段。

1. 问题提出——我来想一想

"问题提出"是学生在项目化学习中的起点。在整个项目化学习的探索过程中,"问题"是探索和思考的原点。问题的来源可以是学生的生活、兴趣和对自我不断挑战的需求。在学生众多的疑惑、困惑中,教师需要从学科项目化学习的视角出发,帮助学生收集、归纳和甄别,找到适合在学科项目化学习中探索研究的问题,形成"挑战性问题",从而引领学生应用学科中的知识和技能逐步解决问题。

在这一阶段,学生的主要任务是面对挑战性问题,即"我来想一想"的内容,进行初步思考,在与同伴和老师的讨论中,形成自己的初步想法并寻找与己契合的队友。在组建团队后,组员共同决定团队的研究方向,确定成果展示的方式,以终为始分解挑战性问题,构建问题链或任务链。此外,学生团队还需要明确项目中的时间节点,为正式开展项目做好准备。

学生在"想一想""说一说""问一问""组一组""议一议"等小任务的指引下,经历这一阶段的探索。

"Holiday Creators"项目源于学生对"过节"的喜爱。"节日"是小学英语课中出现频率很高的话题,《英语(牛津上海版)》教材从一至五年级涉及了超过十种学生喜爱和熟悉的节日。融合这些学习内容,教师创设真实的任务情境,给学生提供机会运用核心语言知识,引导学生在学习和了解西方节日后,思考和比较中西方不同节日,并在创造新节日的过程中,感受节日带给人们的价值与意义。教师提出挑战

性问题,并通过三个小任务帮助学生逐步确定探索的方向:

  一年之中,我们会庆祝许多节日,我们能体会到庆祝节日的快乐。在本次英语活动周上,你们是否也能设计一个特殊的节日,并向大家展示你们的创意呢?在毕业前,让我们共同庆祝大家投票选出的那个最佳节日吧!(We have so much fun when we celebrate holidays. Can you create a special holiday with your friends? How do you show the idea about your holiday to the audience? After choosing the best holiday, let's celebrate it together before you graduate!)

  说一说:在本单元学习伊始,教师请学生们以"Holidays We Know(我们所知的节日)"为话题,说说自己知道的节日及其基本信息,如时间、习俗、活动等。

  问一问:引导学生对挑战性问题进行追问。学生的问题从琐碎无序,逐步地有针对性、导向性,最终在老师的帮助下形成问题链。

  议一议:学生继续讨论,完成这一项目成果即设计一个节日需要什么背景知识?在英语语境下完成这一项目,又需要如何用英语来思考和表达?借助教师提供的 KWL 表,学生理清了思路,明确了自己已有的知识基础和需要学习、拓展的内容。

2. 项目探索——我来探一探

  "项目探索"阶段是学生学习、建构知识和发展能力的阶段,同时也是为形成成果而不断探索和实践的阶段。在这个阶段,学生通过教师提供的支架课程和资源包,进行语言的体验、理解语言知识和语言技能,加深和拓宽对学科核心概念以及主题的理解。学生在解决子问题和完成子任务的情境中,将所学的语言知识进行实践和应用。在这个阶段中,教师通常会要求学生形成个人成果,以检验学生个体的语言学习成果,确保在项目化学习中每位学生都能提升语言知识和技能。随着对语言的掌握以及对主题的深入探究,学生会自然地对团队成果有初步的构想和框架。

  这一阶段的学生视角的主要任务为"我来探一探",根据不同项目类型、项目主题,学生可能需要完成"学一学""读一读""查一查""访一访""听一听""写一写"等小任务。

  以"Holiday Creators"项目为例,学生是这样进行探索的:

  学一学:通过两节支架课,学生一起制作了介绍节日的思维导图,学习了介绍节日的基本句型和语言框架,尝试介绍一种本单元教材涉及的西方节日,练习使用核心语言,初步形成介绍节日的逻辑。

查一查:为能用英语介绍中国节日,学生需要背景知识以及更多的语言知识。教师为学生提供中国节日资料库,包含绘本、视频、词汇表等多模态语篇,学生也可以自己在网络上查找需要的资料,初步形成对该节日的介绍思路。

写一写:学生运用掌握的语言知识,以及支架课上学习到的节日介绍的语言逻辑写一则中国节日的介绍。

组一组:完成独立写作后,选择介绍相同节日的学生组成节日的专家组(Expert Group),他们相互交流各自的学习成果,并且协力完善对该节日的介绍。之后在教师帮助下重新分组,成立拼图组(Jigsaw Group),组内每位成员来自不同的专家组,互相教授不同节日的相关知识。

辩一辩:学生进行头脑风暴,提名不同的节日。之后,团队成员进行讨论、辩论,在教师提供的决策工具的帮助下,聚合思维,确定团队最终要创造的节日。

3. 成果研发——我来做一做

"成果研发"是学生团队形成和完善成果的阶段。在这一阶段,学生需要灵活、富有创造性地将所学知识迁移到真实的情境中。成果的形成并非一蹴而就,学生团队必须以批判和审视的目光对自己的学习过程和最终成果进行反思,不断追问和思考,从而完善成果。因此,在项目化学习"PEPS"模式中,"Exploration(项目探索)"和"Production(成果研发)"之间并不是单向箭头,而是双向箭头。这意味着学生通过解决真实问题深化了对学科知识的理解,形成新的认知,推动学生进一步探索和学习,从而获得新的知识和能力,更好地解决问题。

学生视角下的"我来做一做"需要完成"试一试"和"改一改"等小任务。在"Holiday Creators"项目中,学生经历了这两项小任务:

试一试:学生团队结合此前归纳的节日特征,丰富自己的节日设计。确定展示方案后,理清展示环节需要完成的工作,根据成果展示日期制订计划,并进行合理的团队分工。利用课余时间开展小组讨论,分享各自实施进度,通过彩排完善成果及其展示方案。

改一改:在彩排后,学生对自己的展示进行客观的评判,听取老师和同学的意见,请教家长和其他长辈,对成果进行修改和完善。

4. 项目小结——我来秀一秀

"项目小结"是学生进行项目化学习成果展示的阶段,亦包括对项目的评价和反思。经过几天甚至几周的项目化学习,学生都十分期待并重视成果展示环节。

在这个环节中,每个学生扮演着多重角色:首先,他们是演讲者,需要展示团队对于挑战性问题的理解和解决方案;其次,作为观众,他们需要观摩、聆听其他团队的成果;最后,他们还是评价者,评价同伴的项目成果,并再次回顾自己的项目成果,思考获得的经验与不足之处。由此,学生对成果产生新的认知和价值判断,继续修订自己的成果或将其运用于下一个项目化学习中。因此,在项目化学习"PEPS"模式中,完成"Show(项目小结)"并不意味着学习的终止,它不是项目化学习的"句号",而是"省略号",引领学生进入新一轮的探索。通过这样的循环往复,学生不断提升核心素养,实现学习能力的持续发展。

在此阶段,学生视角的主要任务是"我来秀一秀",通常需要完成"演一演""讲一讲""评一评"等小任务。以"Holiday Creators"项目为例:

讲一讲:学生团队以演讲和PPT展示的方式,介绍他们所创造的节日。

演一演:部分学生团队选择通过情景短剧的形式,表演人们如何庆祝他们所创造的节日。

评一评:在学生开始成果研发之前,师生共同商议和确定了评价维度。本项目的展示应当兼顾直接回应驱动性问题的节日设计(是否有意义、是否吸引人们一起过节)和展示的效果(介绍是否有逻辑、语言是否流畅、展示形式是否具有创意)。基于这些评价点,学生对团队的成果展示进行等第制评价。此外,项目还采用"观众评价反馈表"引导学生用语言具体地评价某一个项目,评价内容将会提供给学生团队作为以后项目优化和提升的建议。教师还提供了"项目反思表"帮助学生对团队和个人的表现进行评价和反思。

项目化学习"PEPS"模式旨在为教师提供一种与学校和学生实际相结合、本土化的项目化学习设计与实施的基本流程,帮助教师和学生更好地开展项目化学习实践。

三、项目化学习"PEPS"模式操作要义

在实践过程中,通过项目化学习"PEPS"模式可以搭建起项目化学习的结构框架,然而要开展高质量的英语学科项目化学习,充分调动学生的主动性,最大限度地鼓励和支持学生的探索,还需要资源包、活动清单和工具箱的保障。

1. 资源包

英语学科项目化学习的一大挑战就是语言,因此项目化学习的目标不仅仅是帮助学生掌握语言,更要在真实情境中应用语言。基于每个项目主题,教师为学生

搜集和筛选满足不同语言水平、多角度和多模态的语篇,建立项目化学习资源包。这些资源包包含丰富多样的内容,旨在帮助学生进一步拓展英语语言能力。对于学习能力较强的学生,资源包可以提供更具挑战性的语篇,让他们进一步提高语言运用能力。而对于语言能力较薄弱的学生,资源包则提供了核心词汇和句型在不同语篇中的复现机会,帮助学生巩固和提升语言能力。此外,资源包中多样化的内容还可以让学生更好地了解和体验多元文化。通过阅读不同类型的语篇,学生可以拓宽视野,增加对不同文化的理解和认知。

2. 活动清单

在"PEPS"模式构建的项目化学习课堂中,学生应当是自动自发选择和决定学习历程的,这就需要教师在每个阶段为学生提供可供选择的、富有童趣、易于理解的活动清单,并尽可能包含不同类型的学习活动。这样,学生就能在学习理解、应用实践和迁移创新的过程中综合运用语言知识技能和策略,逐渐加深对挑战性问题和主题的理解。学习理解类的活动可以涵盖"听一听""说一说""学一学""读一读"等,通过这些活动,学生能够更好地理解和获得信息。应用实践类的学习活动可以包含"议一议""辩一辩""写一写""访一访"等,这些活动鼓励学生将所学的语言知识应用到实际的交流和写作中。迁移创新类的活动可以涵盖"试一试""改一改""演一演"等,通过这些活动,学生能够运用所学的语言知识和策略进行创造性思考和解决问题。

3. 工具箱

在工具箱中必备项目化学习通用型工具,即在项目中所需的基本项目化学习工具,如小组管理工具、时间管理工具、通用型评价量表、通用型项目量规等,这些是与项目化学习四阶段要素匹配的工具,能够帮助学生在项目中更好地组织和管理自己的学习过程。此外,工具箱中还应当提供学生各种思维工具,供学生团队在项目化学习的各个阶段灵活选择使用。由于每个团队的探索历程都是不同的,所以思维工具应当尽可能丰富多样,以满足不同团队的需求。最后,工具箱中还配备《"WOW PBL"课程手册》,可以向学生说明和指导他们如何自主、灵活地使用这些不同的工具。它可以帮助学生理解每个工具的用途和操作方法,使他们能够更好地运用这些工具来支持和促进自己的学习。

随着新课标的不断贯彻落实,项目化学习作为一种以学生为中心、鼓励学生主动参与知识建构和探究主题意义的学习方法,必将走进更多英语课堂。项目化学习"PEPS"模式为小学英语项目化学习的常态化实施提供了行之有效的路径。在这一学习模式指导下,学习者能够积极进行语言学习和项目探究,在实践中思考、学习和使用语言,逐渐成为学习的主导者,展开个性化的学习和探索,提高问题解决的能力,为未来的学习和生活奠定坚实的基础,达成"启智增慧"的育人目标。

以"学"为中心的英语项目化学习课堂样态的实践研究

李　忠　汪邵飞　张余珏

2020年10月，上海市教委出台《义务教育项目化学习三年行动计划(2020—2022年)》，率先尝试在义务教育阶段推行项目化学习。作为项目化学习实践的重要先行者，杨浦小学在项目化学习的研究与实践方面积累了丰富的经验，再次成为全市15所市级种子实验校之一。学校的项目化学习实践探索团队在实践中不断调整研究方向，立足学科项目化学习，为学生提供学习支架与工具，探索项目化学习课堂样态；带领杨浦区项目化学习协作组多次开展教研活动，调动起杨浦小学全体教师投身于计划推进的积极性和自觉性。团队成员撰写的相关案例获评上海市义务教育项目化学习三年行动计划种子教师工作坊优秀案例；2022年1月获评上海市义务教育项目化学习三年行动计划市级项目案例一等奖。杨浦小学项目化学习先锋队获评杨浦区教育系统2022年"学于漪先进典型(集体)"。

2022年3月，《教育部关于印发义务教育课程方案和课程标准(2022年版)的通知》中明确：各地要统筹谋划、系统推进义务教育课程方案和课程标准(2022年版)落地实施。

如何设计学科项目让英语学科素养真正落地？如何依托学校办学理念推进教与学方式变革？如何评估以"学"为中心的英语项目化学习课堂样态？先锋队在新一轮的研究中，着力英语学科，依据"双新"(新课标、新教材)理念，在指向学科核心素养培育的理论基础上探索英语学科项目化学习设计与实施的专业化途径。

首先，在研究推进的过程中，提炼了基于学科的项目设计核心要素——包含设计流程、设计内容、设计原则。结合学校多年对课堂学习活动研究的相关成果，团队进一步优化并总结了以"学"为中心的项目化学习设计模型，和项目化学习"PEPS"模式。项目化学习"PEPS"模式以英语学科核心素养为导向，立足学生立场，关注学科的大概念、大主题，在真实情境中以挑战性问题为主要轴线，将"知识＋单元"迭代为"核心素养＋项目"。同时对于学习主题与项目目标、项目任务链、项目成果展示以及项目评价等关键要素尝试一体化设计，实现学习中心从"教"转移至"学"的课堂样态转变。

其次，从课程系统规划出发，依据学校"出新"教育哲学，以年龄段为纵轴，项目主题为横轴，研制"WOW PBL"课程。尝试基于项目化学习建构英语学科新课标的核心素养与三大学习范畴的联系，探索国家课程校本化实施的路径与机制。

最后，根据实施中的数据诊断，立足师生双重立场，在原有《项目化学习学生手册》与《项目化学习教师手册》的基础上，修订并增补多种辅助支架和可视化工具，关注学生高阶思维发展，形成充满创造性的项目成果。"WOW PBL"课程多轮实践研究的结果表明，在英语学科开展项目化学习提升了学生的学习兴趣与学业质量，推进了学生学科核心素养的发展。

一、建模实践——从"知识＋单元"到"核心素养＋项目"

小学阶段英语学科的单元整体教学设计在上海已开展多年的研究与实践，单元整体教学设计一般依据《英语(牛津上海版)》教材内编写的单元主题及单元教学内容进行重构、统整，教学评价同样需与单元整体教学设计匹配。

单元整体教学设计的阶段规划的单位是课时。当落实到每一课时的教学目标时，教师往往会将单元目标进行分解，根据语篇叙写知识与技能、过程与方法、情感与态度，而对于学生高阶思维或是素养指向的目标关注不够，因而很难达成目标。

新课标所提出的英语学科核心素养，分别是语言能力、学习能力、思维品质、文化意识。如何通过改进教与学的方式让学科核心素养真正落地？从"知识＋单元"迭代为"核心素养＋项目"的设计理念，并为教师提供具有可操作性的"核心素养＋项目"的教学设计与实施路径？面临着以上问题，杨浦小学项目化学习先锋队以课题为引领，从理论学习出发，设计模型，实践迭代，聚焦课堂活动设计与实施的改进，积累了一系列的案例与课例，形成了相关的项目化学习资源库。

项目化学习是一种以学生为中心的教育方法，强调学生在真实世界中应用能力解决问题。在小学选择英语学科开展项目化学习，学生通过参与各种项目提高他们的英语学科核心素养。依据杜威儿童教育理论，以"学"为中心，既包含学生的中心地位，也包括学习的中心地位。以"学"为中心的教学强调学生的积极思维活动，有利于支持学生高层次思维能力的发展。

同时，活动理论也为英语项目化学习课堂学习活动的模型设计提供了重要的理论参考。如图所示，结构模型包括三个核心要素(主体、客体和共同体)以及三个次要要素(工具、规则和分工)，6个基本要素之间相互作用，形成生产、交流、消耗和分配四个子系统(图1)。

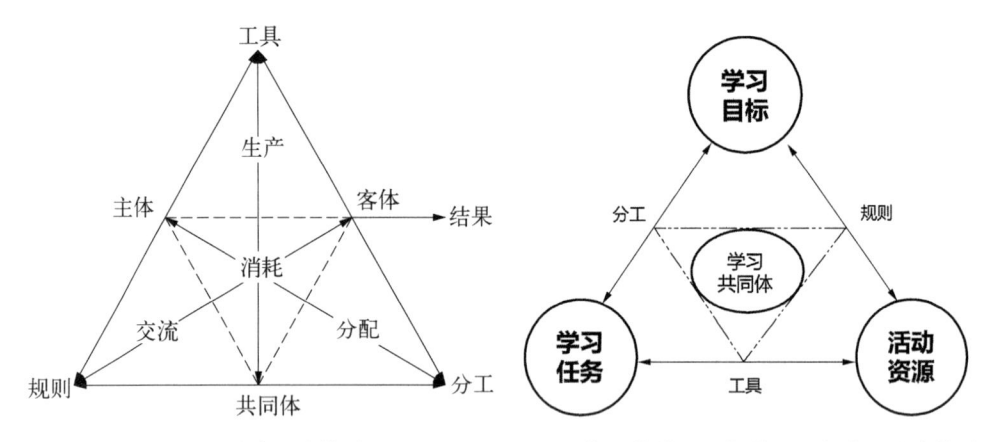

图 1　活动理论模型　　　图 2　英语学科项目化学习课堂学习活动模型

从活动理论的视角,学习活动是在社会文化情境中,以显性或隐性的活动规则为基础,应用多样化的学习工具,与群体进行交互,对客体进行加工以及改造的过程。学习者通过积极参与活动,达到主体"知行"的统一。我们将英语项目化学习课堂学习活动模型内的要素区分为四种:学习共同体(学习者作为主体,学习内容作为客体)、学习目标、学习任务、活动资源(图2)。

基于活动理论的小学英语项目化学习课堂学习活动模型将活动理论的核心概念与小学英语项目化学习的课堂相结合,以支持学生的深度学习和参与度。这个模型所包含的学习目标、学习任务和活动资源三个关键要素,共同塑造了一个有机的学习环境。

(一) 主题引领的"学习目标"

教师所选择的课堂学习活动的主题应当与学习目标密切相关,从新课标内提供的课程内容入手,基于教材选定匹配的范畴与子主题群,同时紧密关联学习目标。这些主题能够激发学生的兴趣,并与实际生活情境相关联。通过将主题融入学习活动中,建构驱动性问题,学生更容易理解和应用所学内容,从而确保学生能够达到既定的学习成果。其中的关键要点有:

● **选择项目主题**:教师应该选择与学习目标密切相关的主题。这有助于确保学生的学习经验与他们需要掌握的技能和知识一致。选择的主题应与小学生的年龄和兴趣相符,可以涵盖文化、科学、社会和日常生活等方面,以激发学生的好奇心。

● **明确项目目标**:在选择主题时,教师应明确定义学习目标,包括语言技能、文化理解和跨学科知识的发展。这些目标应该与课程标准和学生的年龄及能力水平相匹配。

- **鼓励学生探索**：教师应鼓励学生积极参与同主题相关的研究和讨论，以提高他们对主题的理解水平。这可以通过小组讨论、项目展示和实地考察等方式实现。
- **融入项目实施**：在设计主题导向的学习活动时，确保每个活动都明确与一个或多个学习目标相关联。例如，如果学习目标之一是提高口语表达能力，那么学习的子任务内可以关联设计口语交流任务。
- **制定学习任务**：设计各种任务和活动，让学生能够通过参与主题相关的子任务链或问题链来达成学习目标。例如，如果主题是"庆祝"，学生可以制作贺卡、演出小剧场或编写关于不同庆祝方式的报告。
- **跟踪项目进展**：教师应该明确评估的时间节点，了解学生在学习目标上的进展。这可以通过课堂观察、表现性评估和定期沟通等方式实现。如果学生在某个学习目标上出现困难，教师可以提供及时的支持和指导。

将学习目标的达成融入主题导向的学习，有助于使课堂学习活动不仅具有吸引力和相关性，而且能够有效地帮助学生实现他们的学习目标；有助于提高学生的学习动机，因为他们能够清楚地看到他们所学的内容与实际目标之间的联系；更有助于确保学生在项目化课堂中获得有意义的学习经验并能够有效地运用，从而促进学生的全面发展。

（二）社交协作的"学习任务"

学习任务的设计应强调学生之间的社交互动和协作，此处的学习任务是指课堂内部的基本活动模块，区别于较为宏观的课时学习活动。新课标提到英语学习活动观是落实立德树人根本任务、培养英语学科核心素养的基本教学组织形式和重要途径。英语学习活动观视角下的活动包含三类相互关联、层层递进的学习活动，即学习理解类、应用实践类和迁移创新类活动，每类活动中又各包含三种活动形式。教师在这个过程中扮演着关键的指导角色，通过匹配选择三类学习活动，引导学生合作、分享想法，解决问题，促进共同学习和知识构建，并提高他们的英语语言技能。其中的关键要点有：

- **创建协作性学习任务**：教师应设计协作性学习任务，鼓励学生一起工作。这些任务可以包括小组项目、合作写作、角色扮演等，要求学生积极参与社交互动。
- **提供教师指导和支持**：教师在协作过程中起到指导和支持的作用。他们可以为学生提供清晰的任务说明,确保学生明白他们的角色和目标。此外,教师还可以监督协作进程,解决潜在的问题,鼓励积极互动。

● **促进有效的沟通**:教师应鼓励学生进行有效的沟通,包括口头和书面表达。他们可以提供反馈,帮助学生改善他们的语言技能和沟通能力。

● **培养解决问题和解决冲突的能力**:协作过程中可能会出现问题或冲突。教师教导学生如何处理这些挑战,以及如何找到解决方案。

● **鼓励反思和共享**:教师可以鼓励学生反思他们的协作经验,并与同学分享他们的见解和经验。这有助于学生从彼此的经验中学到更多。

通过将教师指导融入社交互动和协作过程中,教育者可以确保学生在协作中获得有效的指导和支持,同时提高他们的英语语言技能。教师的角色是引导学生走向成功的关键,帮助他们充分发挥协作的潜力。

(三)实践导向的"活动资源"

项目化学习旨在让学生在真实的情景中解决问题,是实践导向的学习,学习活动资源在这个过程中起着关键的作用。教师在设计项目时应根据设计的学习子任务,准备好多样的"活动资源",提供及时的支持和材料,使学生能够将学习与实际情境联系起来,并鼓励学生将他们所学的英语知识应用到实际生活中。其中的关键要点有:

● **创造性地联系真实生活**:教师设计学习子任务时,将英语学习与实际情境紧密结合。这可以包括模拟实际情境、角色扮演,以及真实的场馆参观、实地考察等。

● **提供实际材料和资源**:活动资源应该包括与主题相关的实际材料,例如文章、视频、图片和真实生活案例。或者提供信息化的设备,这些资源可以帮助学生更好地理解和应用他们所学的英语知识。

● **鼓励学生解决实际问题**:活动资源可以用于鼓励学生解决实际问题。例如,学生可以使用学到的英语技能制作解决方案、设计产品或提出建议。

● **促进跨学科知识的发展**:活动资源可以引导学生在探索中关注语言知识和语言技能等方面,在解决的过程中还可能调动科学、美术等多个领域的知识,有助于培养跨学科思维。

● **提供支持和反馈**:活动资源应提供支持和反馈,以帮助学生在实践导向的学习中取得成功。这可以包括提供指导、答疑和评估的指导性学习支架,或者帮助学生思考的思维工具等。

将学习活动资源融入实践导向的学习,有助于确保学生能够将所学的英语知识应用到项目实施的过程中,从而提高他们的学习成效和动机,并支持学生在实际情境中的应用能力。

二、课堂观察——从以"教"为中心到以"学"为中心

项目组认为,要确保项目化学习在课堂内的有效实施,需要研制合适的诊断性工具,包括评估工具、反馈机制和教育数据的应用,以帮助教师评估和改进课堂设计以及评价学生的学习表现。

此外,对于项目化学习的课堂,还需要为师生提供适当的支持性工具和学习活动资源,包括教材、教育技术软硬件、教师培训等,来支持课堂设计和实施的优化。

(一)以"学"为中心的小学英语项目化学习课堂的特征分析

通过明晰基于活动理论下以"学"为中心的小学英语项目化学习课堂样态的模型及要素、特征,项目组明确了学习共同体、学习目标、学习任务、活动资源的特征,建立起以学为中心的课堂学习活动的分析框架(表1)。

表1 特征分析框架

学习活动要素		特　　征
学习共同体	主体	学习者在活动中起主体作用,包含了学习者的学习起点、学习方式、学习态度等方面各不相同。
	客体	学习活动中学习者需要学习的内容,可以是学习目标、学习资源、学习任务和学习问题等。和主体互相作用,内化或迁移。
学习目标		有意义的学习活动一定是有一个有效、可达成的目标。学习目标制约着学生活动,影响学生的学习结果。
学习任务		学习任务是由学生的心理、已有的知识能力等因素出发,通过新鲜、生动的方式,多样的资源激发兴趣,使其融入学习活动中去,在做中学。
活动资源		活动资源主要指学习活动的环境和条件,比如移动终端设备、认知工具、学习策略等,是活动开展过程中必不可少的一个要素。

（二）以"学"为中心的小学英语项目化学习课堂的观察框架

项目组从学习目标、学习任务、活动资源三方面要素，对以"学"为中心的小学英语项目化学习课堂的特征进行抽取，将观察视角定为目标达成、教师指导、合作学习、资源选择，确定观察点11个，观察行为21条（表2）。由于学习共同体由其他要素的互动作用而促成，隐含在各观察点中，所以不另外观察。经过简化框架条目，将观察点行为作为评分依据，形成观课表，便于使用（表3）。

表 2　课堂观察框架

活动要素	观察视角	观 察 点
学习目标	目标达成	目标预设：结合学生与学习内容分析，准确预设学习目标
		目标表述：以学生为主体，用行为动词表述学习目标
		目标达成：通过活动实施，学生达成预设目标
学习任务	教师指导	任务设计：围绕学习目标，能调动学生高阶认知
		教师角色：指导和参与、监管学生完成任务
		引导方式：合适引导，引发学生兴趣和保持动机
	合作学习	参与度：学生积极参与，产生高阶认知活动
		目标与分工：学生明确任务目标与分工，并始终围绕任务
		规则与纪律：遵守共同的行为规范，保持良好纪律
活动资源	资源选择	资源预设：提前准备活动资源
		资源使用：有效使用活动资源
学习共同体	（主体）学生	隐含在"学习目标、学习任务、活动资源"各观察点中
	（客体）学习内容	

表3 观 课 表

学校		班级		日期	
课题		学科		执教	

诊 断 指 标			分值(由低到高)				
学习目标	目标预设	1. 以提升学生学习素养、高阶思维为导向					
		2. 在分析学生学情、学习内容的基础上产生					
	目标表述	3. 学生作为主语,使用《课程标准》所提供的行为动词来表述					
	目标达成	4. 从课堂提问、练习中得到反馈,大部分学生达成了所有目标					
学习任务	任务设计	5. 围绕学习目标设计匹配的任务,能引发学生运用、分析、综合、评价等高阶认知能力,如:问题讨论、资源搜索、方案设计、作品展示、作品评价					
	教师角色	6. 教师不是"观望者",而在观察学生进展,学生遇到困难时,启发指导					
		7. 监管任务过程,有学生不遵守规则、不积极参与时,及时更正,偏离活动时及时调整					
	引导方式	8. 教师除布置任务外,有较多引导行为,如:创设情境、示范、激励、提问和追问					
	参与度	9. 每个成员有均等的发言机会					
		10. 每个成员主动说出自己观点					
		11. 每个成员对最终结果做出努力					
		12. 产生了一定的高水平认知活动					
	目标与分工	13. 小组成员明白在这一段合作时间里要达到什么结果					
		14. 小组成员明白自己的任务、职责和角色					
		15. 90%以上的合作时间是用在学习任务上					

续 表

诊 断 指 标			分值（由低到高）				
学习任务	规则与纪律	16. 当一个成员讲话时，其他成员注意倾听					
		17. 提供对别人发言的反馈，也接受别人的反馈					
		18. 遇到争论的时候能够友善处理					
		19. 能自觉遵守纪律，也对其他成员的不守纪律行为做出提醒					
活动资源	资源预设	20. 教师结合学习内容，准备可能用到的（有形、虚拟）材料与工具					
	资源使用	21. 学生能顺利获取到材料与工具，合理使用，乐于与他人共享					
总分							
总体评价							

（三）以"学"为中心的小学英语项目化学习课堂的数据诊断

以英语学科三年级 Module 3 Unit 1 My School 单元为例，对于学习目标、学习任务、活动资源三个维度的诊断数据进行统计分析。

1. 学习目标：关注高阶思维，目标达成需提高

课程调动学生高阶思维能力的目标指向比较明显，但学习目标的设计不够规范，学习目标的设计做到了匹配三年级学生学情并紧扣课标要求。学习活动中让学生运用所学词汇、句型介绍学校，但在目标达成方面未能达到预期效果（图3）。

2. 学习任务：子任务围绕目标，小组合作需引导

数据分析显示，任务设计对于调动学生高阶思维能力指向明显，三个学习活动子任务的设计都较为关注知识点的落实。但子任务的开展过程主要由教师引导学生提取信息、梳理主要句型，学生自主学习的时间较少。学生通过合作的方式体验介绍学校，但对于小组成员的分工与职责引导不明晰，合作质量还有待提高（图4）。

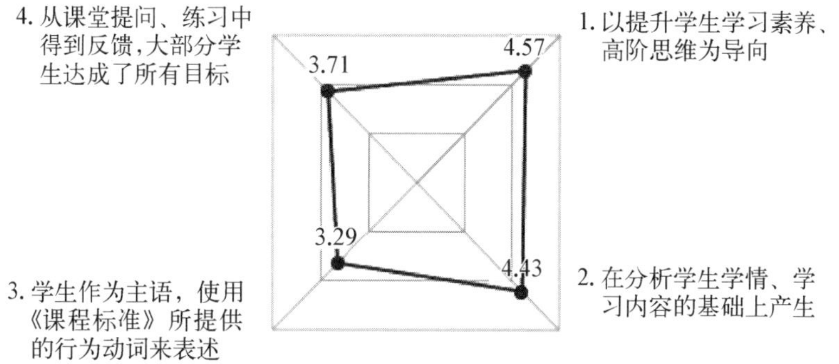

图 3 学习目标维度分值雷达图

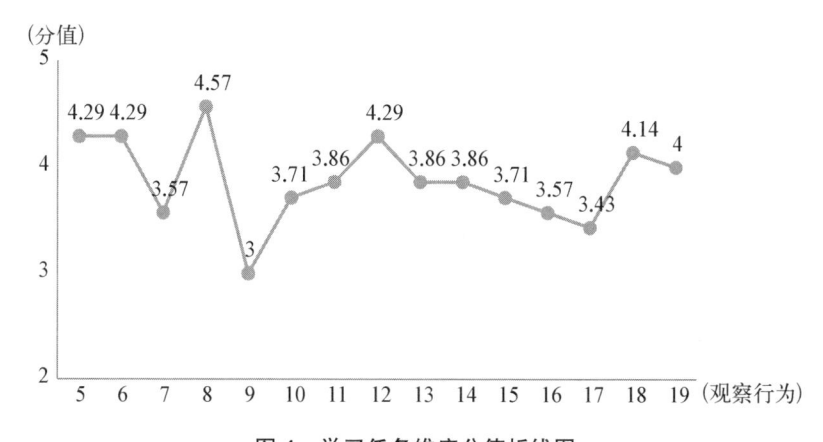

图 4 学习任务维度分值折线图

3. 活动资源：学生合理使用，教师准备需完善

课程的资源准备比较合理，教师事先将阅读材料、多媒体资源分发到每个小组，学习活动中学生能找到自己所需要的活动任务单等相关材料。在后期小组活动中，部分学生的Jagsaw思维工具尚未完成，还需教师完善前期准备。

通过分析诊断性工具的数据，教师还可以识别整个班级在特定领域的弱点，从而指导课堂改进。如果大多数学生在合作中遇到困难，教育者可以调整课程内容，提供更多的合作机会和指导，以满足学生的需求。教师也可以与家长沟通交流诊断性工具的分析结果，以便家长了解孩子的学习进展和需求，家校共同为学生的英语学习提供支持。

诊断性工具的应用不仅有助于学生的个人发展，还有助于提高项目化学习的质量和效率。因此，研发、应用和迭代诊断性工具应成为小学英语项目化学习的重要组成部分。

图 5　活动资源维度分值统计图

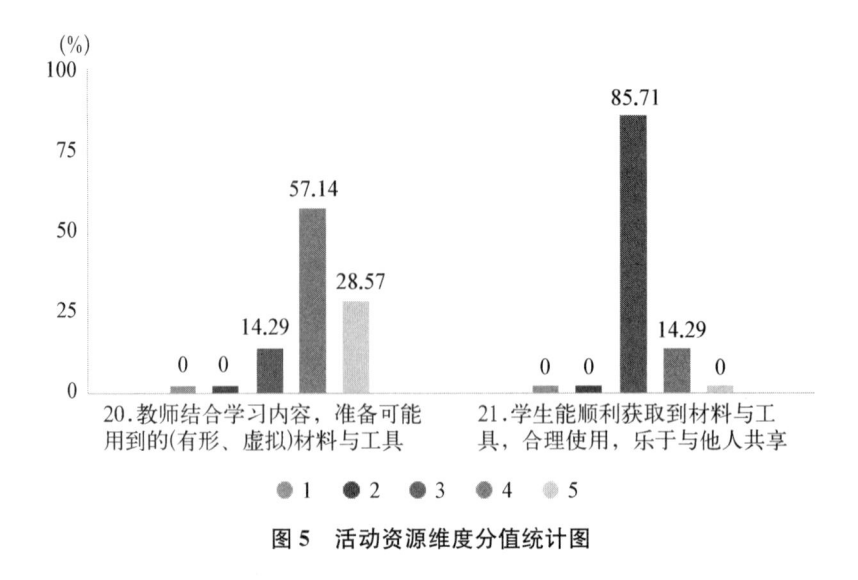

三、项目优化——从《教师手册》到"WOW PBL"资源库

要成功实施项目化学习,教师需要拥有适当的工具和资源来支持项目化学习的课堂设计和实施。先锋队在原有《项目化学习学生手册》《项目化学习教师手册》的基础之上,结合英语学科核心素养及相关课程要素,研制了一系列支持性工具,帮助教师可以更好地理解学生的学习需求,同时为学生提供所需的资源和指导,以提高学科项目实施中的课堂教与学的效果,有助于确保模型的有效实施,促进学生的核心素养发展。

(一) 规划学科项目设计支持工具

课题组将学科项目支持性工具初步规划为三大板块,分别是设计原则、设计流程以及设计模板。结合学校课题《以"学"为中心的课堂学习活动实践研究》的部分研究成果,教师在了解以"学"为中心的小学英语项目化学习课堂样态的模型以及各个要素的内涵之后,依据设计原则按照设计流程开始设计课例。教师严格依照国家课程标准,根据学科的特征如单元的学习目标指向,学生的学科关键能力,活动中使用的教学策略等,依托模板将各个要素在设计时进行考量。

1. 理清学科项目设计原则

通常所说的学习活动有其狭义和广义之分,狭义的学习活动可以定义为:学习者在教师的指导下,与教师之间进行交互作用的认知活动,它是学习者在有学习动

```
                学科项目设计支持性工具
                         │
        ┌────────────────┼────────────────┐
   学科项目设计原则    学科项目设计流程    学科项目设计模板
```

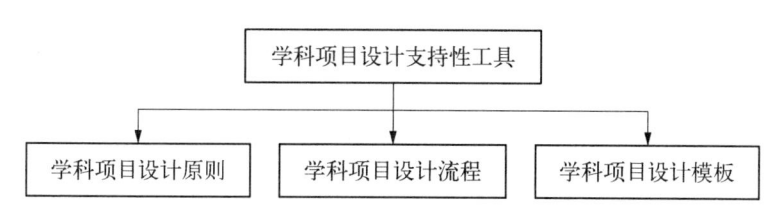

图6 以"学"为中心的课堂学习支持性工具框架

机、学习目标、学习策略的情况下,形成一个在经验知识、个体心理、智力水平及能力方面相互联系的心理结构过程。而广义的学习活动指的是学习者和整个学习环境发生相互作用,它包括狭义的学习活动,也包括学习者为完成学习目标所进行的操作过程当中形成和发展起来的所有认知、技能和情感体验。

学习活动总是指向一定的对象,它是学习者主动对对象进行意义建构的过程,通过这个过程来实现学习结果,达成学习目标,生成一定的能力,同时也提供反馈,促进学习活动。项目组所研究的学习活动概括起来可以定义为:为完成某项学习目标,达成某项学习结果,学生怀着一定的学习动机对不同结构的活动任务进行意义建构、能力生成的认识与交往过程。

依据以"学"为中心的小学英语项目化学习课堂样态模型,对应学习活动中的元素,结合教学设计的相关理论,通过细致分析学生身心发展特点、教学过程等各要素,得出以"学"为中心的小学英语项目化学习课堂学习活动的设计需要遵循主体性、指向性、过程性三个原则。

(1) 学习活动的主体性

以学生为主体是学习活动最主要的特点。在学习活动中,学生是一个相对独立的主体活动者。教学过程中的学习活动形式的生动性并不是主要考量因素。设计者更多的是关注学生如何参与到多种多样的活动中去。教师在课堂中为学生设计了一些活动,学生作为学习活动的主体,在其中扮演行动者的角色。只有这样,才能真正意义上地实现以"学"为中心的学习活动。

(2) 学习活动的指向性

学习必须具有一定的目标,且这些目标需要在实施过程中转化。设计者通过具体的目标来制定学习方向和内容,从而实现学习活动。活动的形式和内容与学生所具有的学习目标密切相关。学习目标的不同会影响到学生在学习活动中所获得的结果。因此,学习活动的设计和实施必须指向一定的学习目标,不能简单为了进行活动而活动。为确保学习活动的指向性,需要在依托文本的基础之上,建立具体的学习目标,并开展相应的学习活动。在学习活动的过程中,学习目标应该得到清晰的界定,并通过一定的学习内容进行展现。

(3) 学习活动的过程性

学习过程对于实现学习活动内容的操作和达成目标是必要条件。学习活动是学生内部心理活动与外部行为相互影响、转化、发展的过程,同时也是实现一定学习方式的过程。在学习过程中,学生从个体的动机出发,通过追求目标的过程来实现学习活动。而要达成这一目标,需要遵循一定的操作过程和具体的步骤。

因此,以"学"为中心的小学英语项目化学习课堂学习活动设计中,学生应该成为活动的主体,学习活动也应该与学生所拥有的学习目标密切相关,并在实践中得以实现。同时,在学习活动的操作过程中,学生的个体动机应该得到充分考虑。只有在这样的情况下,学生才能真正实现以"学"为中心的项目化学习。

2. 优化学科项目设计流程

根据以"学"为中心的小学英语项目化学习课堂学习活动设计的原则,沿用了以"学"为中心的小学英语项目化学习课堂学习活动设计流程,分别包括以下四个环节:项目分析、项目规划、项目实施、诊断改进。项目化学习"PEPS"模式融入第三个环节。

教师从前期目标分析与建立开始,在完成学科核心知识与能力、高阶认知策略和学习主体学习需求的分析,确定了对应教学目标的教学顺序之后,就可以在学习活动类型中选择当下条件中最为合适的学习任务。在完成了学习活动的设计之后,需要依据设计原则来对设计出来的学习任务进行审查与评价,反思并进行修改。具体流程如图7所示。

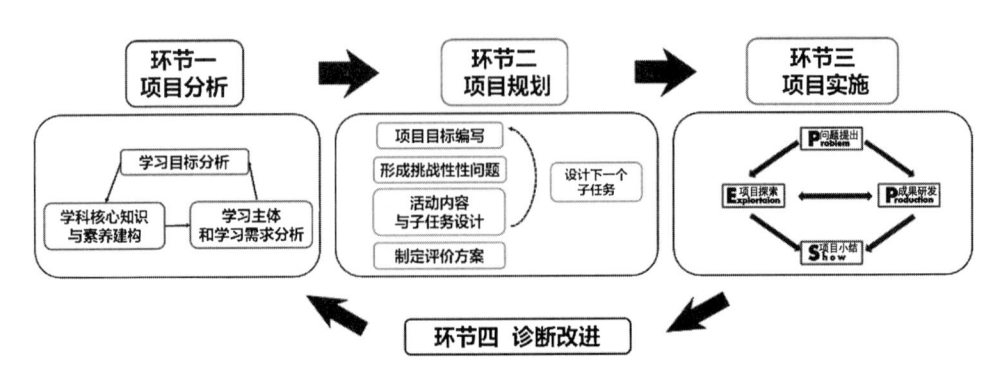

图7 以"学"为中心的课堂学习支持性工具设计流程

与以“学”为中心的小学英语项目化学习课堂学习活动的要素对照可知，设计模型中的每一步都是对照着学习活动系统模型中的要素而来。设计模型中的第一个环节对应的是学习共同体。第二个环节对应的是模型中的工具元素、活动分工、学习共同体、活动规则等，因为教学顺序决定了学习活动的组合方式，从而影响了学生参与学习活动时的活动分工情况、学习共同体的建设以及活动规则的制定。教师在第二个环节要注意活动中任务序列的顺序，不断地在设计中对照前期分析的教学目标的重难点的落实以及驱动性问题的连贯性。

第三环节则是在课堂中以学生视角，构建学科项目的“PEPS”模式，设计出更加科学、更加贴合学生的需要的学习任务。第四个环节是课堂实施的重要环节，以评估前两个环节的目标是否达成。

3. 迭代学科项目设计模板

基于支持性工具的框架以及前期的设计原则和设计流程，项目组结合诊断性工具的评价维度开发了以“学”为中心的课堂学习任务设计模板(图8)。其中，步骤的构成有一定的连续性，教师在子任务的分解上可按照流程持续聚焦学习任务的

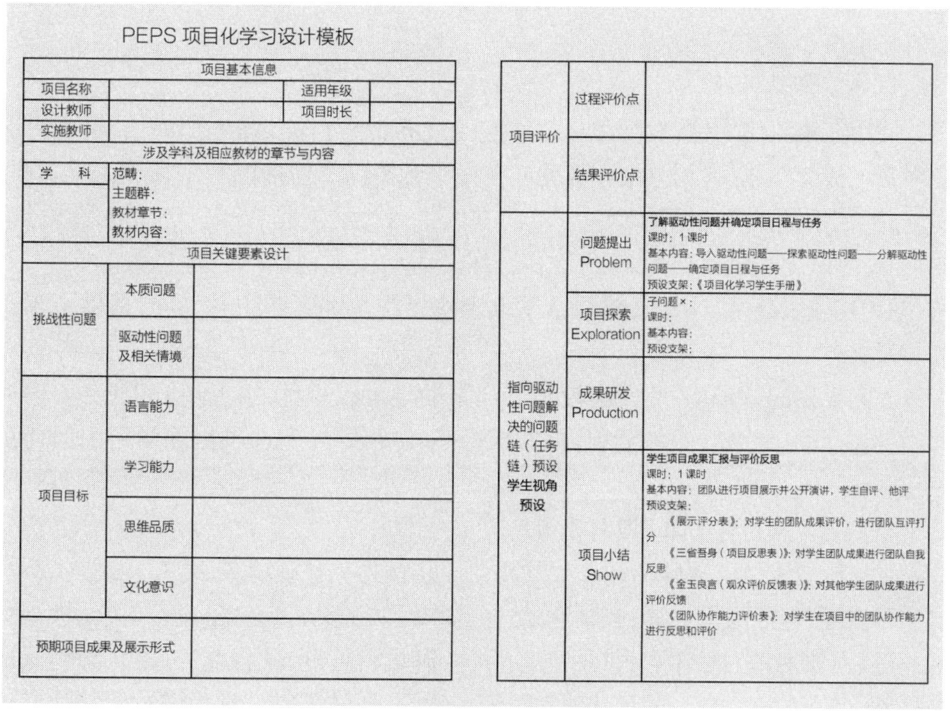
PEPS 项目化学习设计模板

项目基本信息			
项目名称		适用年级	
设计教师		项目时长	
实施教师			
涉及学科及相应教材的章节与内容			
学　科	范畴： 主题群： 教材章节： 教材内容：		
项目关键要素设计			
挑战性问题	本质问题		
	驱动性问题及相关情境		
项目目标	语言能力		
	学习能力		
	思维品质		
	文化意识		
预期项目成果及展示形式			

项目评价	过程评价点	
	结果评价点	
指向驱动性问题解决的问题链（任务链）预设 **学生视角预设**	问题提出 Problem	**了解驱动性问题并确定项目日程与任务** 课时：1课时 基本内容：导入驱动性问题——探索驱动性问题——分解驱动性问题——确定项目日程与任务 预设支架：《项目化学习学生手册》
	项目探索 Exploration	子问题×： 课时： 基本内容： 预设支架：
	成果研发 Production	
	项目小结 Show	**学生项目成果汇报与评价反思** 课时：1课时 基本内容：团队进行项目展示并公开演讲，学生自评、他评 预设支架： 《展示评分表》：对学生的团队成果评价，进行团队互评打分 《三省吾身（项目反思表）》：对学生团队成果进行团队自我反思 《金玉良言（观众评价反馈表）》：对其他学生团队成果进行评价反馈 《团队协作能力评价表》：对学生在项目中的团队协作能力进行反思和评价

图8　PEPS项目化学习设计模板示例

指向性。教师在设计活动内容的同时关注任务的目标达成度,学生的实施过程以及合作方式的选择,并且考虑到各个子任务需要准备的各项学习资源。

(二) 创建"WOW PBL"课程资源库

"WOW PBL"课程资源库以学生学习为出发点,在实践中根据需求不断迭代,下设项目化学习学生手册、思维工具资源库、评价工具资源库、学科核心知识图谱等,为项目的有效实施保驾护航。教师从关注教师的教,到聚焦学生的学;从关注知识技能的获得,到关注学生如何建构学习路径、形成问题解决思路、培养学习思维。学生的学习不再是被动的视听,而是在资源库的指引下进行主动探究、合作和表达,让素养的发生成为可能。

1. 提供学习指南

课程资源库帮助教师在学科项目的设计中,明确项目化学习的本质,准确把握关键要素,科学合理有序地开展设计。学校积累了多年的项目化学习案例。教师可随时查阅相关学习案例的设计与实施过程,辅助项目化学习的执行。同时,通过对原有相关工具表格的调整和优化,进一步强化对学生学习的过程性监控及评估,保障学科项目化学习的高质量,促成学生对于学科知识与能力的理解与运用,达成发展学生核心素养的目标。

2. 丰富活动资源

使用在线协作平台,教师可以在平台上发布课程材料、任务和评估,学生可以在平台上提交作业、参与讨论和互动。在线平台提供了便捷的教学管理工具,同时也促进了学生的合作学习和自主学习。在线平台为学生提供一个共享资源和讨论的空间,可以促进学生之间的互动和合作。活动资源包括与主题相关的文章、视频、图片和在线链接,这些资源可以帮助学生更深入地了解主题,同时提供了丰富的学习材料。

面向学生的"PEPS"设计模板和工具帮助学生组织他们的项目和任务。模板和工具包括项目计划、任务清单、报告模板等,以帮助学生在项目化学习中保持组织和结构。

3. 打造《"WOW PBL"课程手册》

项目组研发了《"WOW PBL"课程手册》(简称《手册》),为教师和学生提供所需的学习资源,包括课程大纲、教学活动、任务和评估工具,具备多样性和灵活性。教师通过《手册》高效地指导学生开展项目,明确项目管理、项目监督职责,同时认识到需以学生为中心实施项目,才能实现自主学习、合作探究。学生通过《手册》有序地开展项目。项目小组签订小组合约,设计团队标志,赋予学生使命感和仪式感,让一些参与度不高的学生也兴致勃勃,很好地增强他的学习积极性。学生的批判性思维、自主学习能力、时间管理能力、团队协作能力均获得了提升。《手册》鼓励学生运用英语来完成实际任务,提高他们的语言交际能力。

(三)拓宽教师项目化学习研修渠道

在实施项目化学习过程中,学校也面临了一些困难。首先是教师的转变问题。许多教师习惯于传统的教学方式,对于项目化学习的理念和方法存在抵触心理。其次,学校在时间和空间利用上也遇到了挑战。项目化学习通常需要更长的时间周期和更灵活的学习环境,这对学校的日常运作提出了新的要求。在课程教学的变革中,教师需要转变角色成为学生学习的引导者和促进者。这对一些教师来说可能是一个挑战,他们需要相应地更新自己的教学方法、教学资源以及与学生的互动方式。

为了支持教师在项目化学习中的角色转变,学校建立了项目指导专家团。团队由具有丰富经验和专业知识的教师和教育专家组成,他们提供指导和支持,帮助教师提升项目化学习设计和实施能力。通过与专家团队的合作,教师能够获得反馈和建议,不断改进和完善自己的教学实践。

1. 专业化培训,更新教师教学理念

学校开展专题研讨会和培训班,邀请专家分享项目化学习的理念和实施方法,激发教师的兴趣和热情。学校进行定期培训,提升教师的项目化学习设计和实施能力。学校以"青蓝学堂"特色校本研修平台为基础,促进教师之间的交流和合作,分享项目设计和实施的经验。

积极组织教师参加市级、区级培训及"指向创造性解决的项目化学习"工作坊等相关活动。邀请市、区专家,定期开展"项目化学习"通识培训、专题培训、课堂教学指导、实践课研究、撰写案例等。

2. 跨学科教研,提升教师研究力和行动力

在传统的教学模式下,教师通常是知识的传授者和指导者。而在项目化学习中,教师的角色发生了转变。他们不仅要充当项目的设计者和组织者,还要成为学生的学习伙伴和指导者。这就要求教师具备跨学科的知识和能力,能够引导学生进行深入的学习和思考,促进跨学科思维和解决问题的能力的发展。学校成立融语文、音乐、美术、科技、信息技术等学科为一体的学科教研组,形成跨学科教研共同体,研究单学科、多学科融入课堂教学的途径和方法。

3. 指向核心素养,构建学科项目群

项目化学习对学校的课程教学产生了深刻的影响。学校从教育资源整合的角度出发,重新设计了课程内容和结构。传统的单一学科被融合在跨学科的项目中,使学生能够将所学知识和技能应用于实际问题的解决。同时,学校也加强了与社区、企业等外部资源的合作,为学生提供更多实践机会和真实情境。

"让每一位学生出新出彩"是杨浦小学的办学理念。要提升学校教育教学质量,打造出一支"健康、懂事、聪明、可爱"的学生队伍,关键在于提高基础性课程的教学质量,真正减轻学生过重课业负担,促使学生乐学、善学,保证学生身心健康发展,促进学生核心素养的培养。

第二篇

启慧：发现自己
Wonderful You:
Developing Self-Awareness

启慧：发现自己

一、项目主题模块目标

从"启慧：发现自己(Wonderful You：Developing Self-Awareness)"主题出发，我们为本模块设置以下目标：

1. 培养学生的自我认知和自我表达能力，提高学生的自信心和自尊心。在课程中，学生聚焦自身，更好地了解自己，包括特征、能力、性格、兴趣、价值观等。学生也能学会表达自己的想法和感受，更好地与他人交流，并展现自己的才华和独特性。通过自我反思和评估，发现自己的潜力和独特之处，提高自信心和自尊心。

2. 增强学生的人际交往能力，培养学生诚信友善的美德及合作分享的品质。在课程中，学生将合作完成与真实情境紧密相关的实践任务，团队一起探索问题、解决难题，共同为达成目标而努力。在团队合作中，学生与不同背景和观点的同伴合作，这将使他们有机会倾听不同的意见，形成开放和包容的态度，更好地理解他人的感受和处境。这种合作和共享经验促使学生培养友善和合作的品质，建立信任和互助的关系，形成良好的待人处事的态度。

3. 提升学生的情绪管理能力，使学生学会处理情绪，保持心理健康。从自身情绪出发，学生知晓和理解不同的情绪，学习接纳自己的情绪，了解有效的情绪管理策略并学会调整情绪，积极应对和处理情绪，保持心理健康。

4. 促进学生的自我激励，培养自我管理意识，促进学生的自律和目标意识。在自我探索过程中，学生能够基于自己的特长和兴趣，树立目标。同时，学生在课程实践中提升自我管理意识，合理管理时间、资源和任务，克服自身不足，培养出自律和自我管理的能力。在追求目标的过程中不断成长和进步，努力实现自己的梦想。

二、项目主题模块内容

本模块与英语新课标中的"人与自我"这一范畴相对应，在该项目主题模块下有"快乐成长（Growing with Fun）"以及"美德同行（Building Character）"两个子项目群。

"快乐成长"项目群中，学生主要探索自我、认识自己，在我与家庭、我与同学、我与朋友等场域中，了解自己的优点和成长点，建立自尊和自信。在高年级，学生将展望未来，基于自身兴趣和特长设定目标，并制订与之匹配的计划，提高自我管理能力，努力实现自己的目标。"美德同行"项目群中，学生更多地与同伴沟通和合作，学习和践行诚信、友善的美德。

本篇中将分享两个案例，其中《"英"你而乐（Fun with English）》隶属"快乐成长"项目群，《LE 专栏撰稿人（LE Columnists）》隶属"美德同行"项目群。学生不仅掌握了关键领导力技能、人际关系技能等必要的软技能，也得到了一些更为重要的东西：对美好事物和美好品质的认知和体验。他们学会了看待世界的另一面，从而对世界有了更深层次的理解。

"'英'你而乐"项目源于《英语（牛津上海版）》一年级第一学期第四模块的第二单元。项目设计意图是通过优化评价方式，使学生更积极、主动地参与到评价的全过程。在这个项目中，学生既是被评价者也是评价者。通过该项目的实践，学生在回顾学科学习的过程中，了解了自己的成长点，也获得了常规评价活动所没有的思考和表现机会。学生的学习能力得到了发展，在学习中获得自信。

"LE 专栏撰稿人"项目源于《英语（牛津上海版）》五年级第一学期第四模块的第一单元。该项目聚焦单元的核心语言知识，链接学生学习和生活，借师生英语学习交流公众号"乐英星球"（Let's English，又称"LE 星球"），为学生创设了真实而广泛的英语使用情境。学生为同伴用英语解决疑惑、提供生活小妙招、分享生活智慧。学生倾听他人疑惑，设身处地地考虑同伴的感受，在此过程中培养了友善的价值观。

"英"你而乐(Fun with English)

汤文茵

为了进一步落实"双减"政策和"五项管理",杨浦小学创新教学评价方式,以低年级英语学科为试点,尝试依托项目化学习的模式,完善期末学科评价体系,综合评价学生学习情况,充分凸显育人目标。

本项目隶属"启慧:发现自己"项目主题模块中的"快乐成长"子项目群。项目涉及英语学科一年级第一学期第四模块的第二单元简称"1AM4U2"相关内容。从优化评价方式的视角,聚焦该单元主题"Animals(动物)",融合同主题课题,使学生成为"Fun with English"活动评价的设计者,自主参与"Wonderland(听说活动)""Farmland(读写活动)""Grand Theater(听说综合表演活动)"板块设计,以此帮助学生体验和感受语言并真实展现学生在听、说、演过程中语言的实际运用水平。

本项目历经4课时,项目各阶段课时安排如表1所示。

表1 项目各阶段课时安排

项 目 阶 段	课 时 安 排
问题提出	1课时
项目探索	1课时
成果研发	1课时
项目小结	1课时

一、项目设计

(一) 项目目标

1. 语言能力

(1) 能理解有关动物的词汇:bear(熊)、tiger(虎)、monkey(猴)、panda(熊猫)

等,并能观察和了解动物的不同特征。

(2) 能在语言支架的帮助下用所学句型"It's ... (size/ colour/ place ...)[它是(在)……(大小/颜色/地点……)]"就动物特点进行简单的描述。

(3) 能从体型、颜色、形态构造、生长环境等方面对动物做出适当描述,从而较为全面地了解动物,感受不同动物间的差异。

2. 学习能力

(1) 观察事物,并能根据事物特征分类。

(2) 参与小组交流讨论,能与同伴协作学习。

(3) 参与评价,同时在评价中学会反思小结。

3. 思维品质

通过观察、思考、分析等一系列思维活动,充分调动学生的左右脑,促进学生的认知效率,提高学习效果。

(二) 挑战性问题

1. 本质问题

学生在具有思维挑战性的现实情境问题的学习任务驱动下,通过自主学习、分析、探究、合作讨论、生成知识、解决问题。

2. 驱动性问题

如何在"Fun with English"主题评价期间,围绕"Wonderland(听说活动)""Farmland(读写活动)""Grand Theater(听说综合表演活动)"三个板块设计活动?

(三) 预期成果

1. 成果形式

(1) 个人成果:为"Fun with English"评价活动设计一项活动。

(2) 团队成果:小组通过小组成员成果交流展示,推选表现优秀的项目设计,并进一步完善、整合,最终融合为团队小组设计方案。

2. 展示方式

(1) 个人成果:学生在小组内进行个人成果展示分享。

(2) 团队成果:学生以小组为单位,在班集体内进行团队成果展示分享。

(四) 预期评价

1. 过程性评价

第一阶段,学生自由选择一项活动任务,独立完成设计。学生在完成设计后与小组成员交流展示,组员借助量规(表2),由"演讲能力"和"设计能力"两个维度展开进行评价,以此推选出小组最佳设计活动者。

第二阶段,学生以小组团队形式协作完成团队设计,过程中组员借助量规,以"合作能力"为维度对组员进行评价。

表2 "Fun with English"项目的小组成员设计展示评价量规

Students's Name:						
Presentation							
1. He/She looks at the audience.	☆☆☆	☆☆☆	☆☆☆	☆☆☆	☆☆☆	☆☆☆
2. His/Her language is clear.	☆☆☆	☆☆☆	☆☆☆	☆☆☆	☆☆☆	☆☆☆
3. The presentation is well-organized.	☆☆☆	☆☆☆	☆☆☆	☆☆☆	☆☆☆	☆☆☆
Designing							
1. His/Her plan is understandable.	☆☆☆	☆☆☆	☆☆☆	☆☆☆	☆☆☆	☆☆☆
2. His/Her design drawing are attractive.	☆☆☆	☆☆☆	☆☆☆	☆☆☆	☆☆☆	☆☆☆
3. His/Her ideas are creative.	☆☆☆	☆☆☆	☆☆☆	☆☆☆	☆☆☆	☆☆☆
	☆☆☆	☆☆☆	☆☆☆	☆☆☆	☆☆☆	☆☆☆
Collaboration							
1. He/She listens to his/her team members.	☆☆☆	☆☆☆	☆☆☆	☆☆☆	☆☆☆	☆☆☆
2. He/She does his/her work for the team.	☆☆☆	☆☆☆	☆☆☆	☆☆☆	☆☆☆	☆☆☆
3. He/She helps the team.	☆☆☆	☆☆☆	☆☆☆	☆☆☆	☆☆☆	☆☆☆

2. 终结性评价

设计团队成果量规,就"参与投入度""设计内容""设计吸引度""艺术感受"四个方面出发,以绘画表情的方式对团队的设计成果进行评价(表3)。同时,结合学生的个体喜好程度,评选出表现最佳的小组。

表3 "Fun with English"项目的团队设计成果评价量规

GRADING RUBRIC	Group 1	Group 2	Group 3	Group 4	Group 5	Group 6
FOCUS The team works hard.	☺	☺	☺	☺	☺	☺
CONTENT The design has four sections and they're all well-organized.	☺	☺	☺	☺	☺	☺
ATTRACTIVITY The activities are very interesting and well thought out.	☺	☺	☺	☺	☺	☺
ART The design painting is neat and carefully made.	☺	☺	☺	☺	☺	☺

I like Group _____ best.

二、项目实施

(一) 问题提出

1. 项目背景

基于学生入学准备期至今参与评价活动的过往经验,教师以"你所感兴趣的英语评价活动有哪些?"为话题入项,通过交流、讨论等环节唤起他们对于活动参与经历的回忆,由此,提出驱动性问题:英语评价活动的类型有许多,不少活动既有趣又有益。能否为教材1AM4U2的主题设计一项评价活动,并简单介绍。

2. 形成问题列表

(1) 如何围绕此次评价的三个板块,为其合理、贴切地选择学习内容并设计对应的活动类型?

(2) 如何全面、准确地将教材内容进行整合,并有序地融入评价活动设计?

(3) 如何优化、升级并创造新的评价活动?

(4) 如何将设计的评价活动介绍给他人?

3. 提出驱动性问题

作为英语评价活动的设计师,能否为教材 M4U2 的主题设计一项评价活动,既有趣吸引人又能反映并检测出各自真实的英语学习水平。

4. 分解驱动性问题

确立驱动性问题后,引出分解驱动性问题(详见表4)。

表4 "Fun with English"项目的驱动性问题分解、归类、分组

A real life problem	Need to know	Student voice and choice
What evacuation activities can you design for "Fun with English"?	What was your favourite activity? Why did you enjoy it?	Do a survey.
	What have we focused on learning?	Make a thinking map.
	How do we apply what we've learnt in this "Activity Design Project"?	Discussing in groups, ask teachers or discover by searching online.
	Ideas, improvement or changes?	

5. 制定项目日程表

经师生讨论制定日程,并参考工具"谋篇布局"和"日积月累"明确具体项目日程与安排。

(二) 项目探索

学生通过对 1AM4U2 单元语言知识的学习,掌握该动物主题的核心词汇、句型,能够跟唱相关主题的儿歌、歌曲,并能根据特征来简单描述目标动物。这为学生下一步围绕该单元主题设计评价活动奠定了语言知识和技能的基础。

1. 子问题1:如何结合已知活动形式,挑选喜爱的评价活动?

教师通过历史图片、视频、录音等信息展示唤起学生对已开展过的活动参与经历的回忆,同时通过调查问卷,帮助学生了解掌握班级群体对于各类活动项目的喜爱情况。

图 1　项目日程表"谋篇布局"与"日积月累"

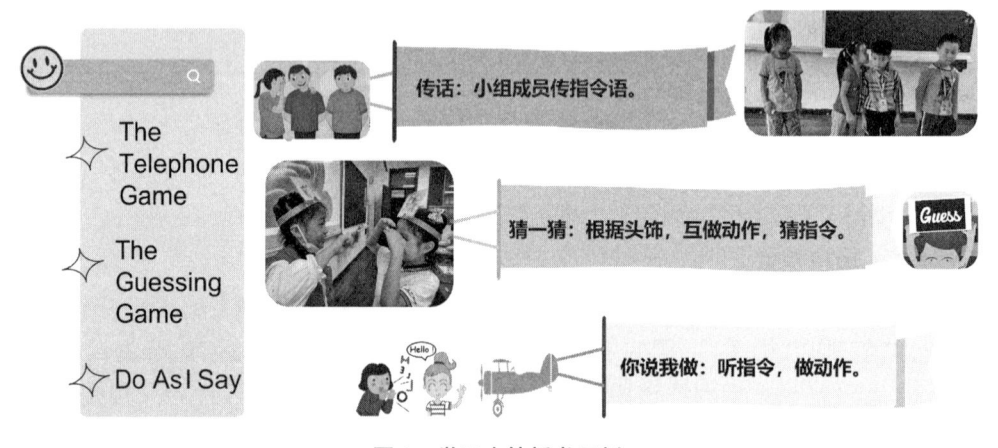

图 2　学习支持板书示例

2. 子问题 2：如何提炼汇总该单元学习内容？

教师借助思维导图提供支架，帮助并引导学生梳理该单元的词汇、句型及其涉及的语篇。

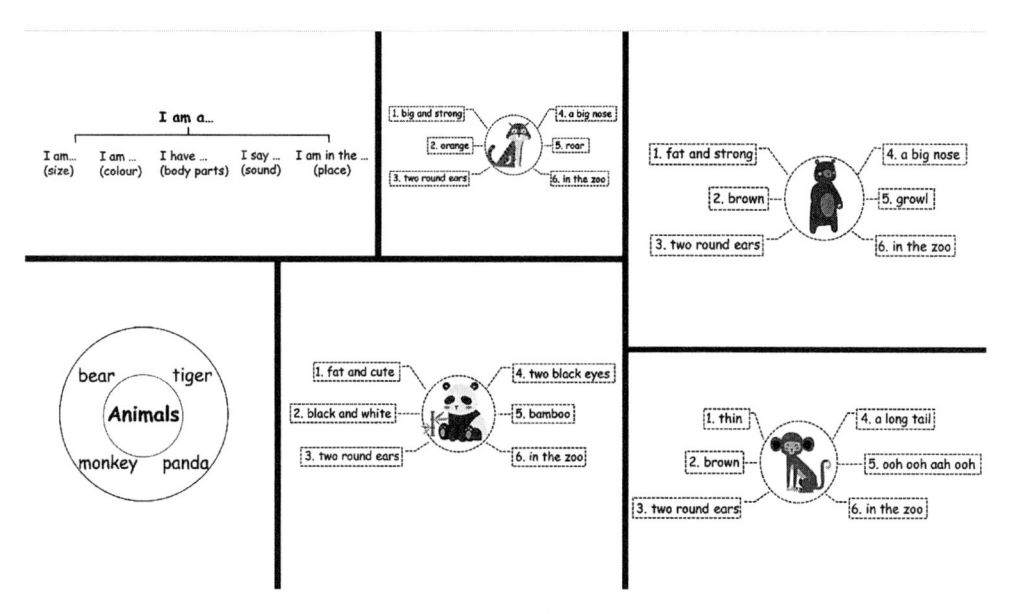

图 3 思维导图支架示例

3. 子问题 3：如何在本次设计中将学习内容与活动形式进行融合？

教师引导学生集体、小组讨论和思考，继而使学生能够选择自己感兴趣的设计方案，将评价内容与活动形式进行有效且有机的结合。

4. 子问题 4：如何创新设计？

学生在设计过程中通过师生沟通、同伴交流、自我反思、拓展学习，借助网络、书本等更多的途径修改并创新自己的设计方案。

（三）成果研发

学生在子问题和量规的引导下最终形成自己的设计方案，并由小组内交流、评选，最终完成团队设计初稿。初稿内各评价活动内容与"Wonderland（听说活动）""Farmland（读写活动）""Grand Theater（听说综合表演活动）"三个板块的结合度还不够，尚待调整。同时，个别学生创新的活动形式因自身表达能力不足，未能被大部分学生理解，经教师及其团队交流后，学生进一步修改完善自己的设计方案。

（四）项目小结

最终，在经历此番项目学习后，学生呈现了各具特色的设计。

在"Wonderland"板块，"传话游戏""快速反应""你说我做"等传统活动被很好地融入了各板块的设计。同时，小组设计也都展示出了设计中对于内容、难度、活动方式等细节因素的考虑。如针对"快速反应"活动，不同小组的设计各有侧重（表 5）。

表5 "Wonderland"板块各小组设计异同

小组	规则	要求
小组A	听单词,快速找出对应图片或单词	能掌握核心单词的音、形、意
小组B	根据动物的叫声,快速分辨并找出对应图片或单词	在掌握核心单词音、形、意的基础上,了解动物的英语叫声
小组C	根据动物特点的描述,快速分辨并找出对应图片或单词	在掌握核心单词音、形、意的基础上,了解动物的英语叫声及其形态特征

同样是"传话游戏",在"Wonderland"板块,大部分学生设计的内容多是围绕单词内容展开。而在"Farmland"板块,"传话游戏"被用来要求活动小组成员传话整句句子,甚至还有升级为传话多句句子,并为其按照语言逻辑排序。

为创新活动方式,学生还善于利用教材。在"Grand Theatre"板块,有学生结合教材"Make a Mask"板块的内容,引入手工制作道具这一要求,以提升"演一演"活动的难度和趣味性。

三、项目反思与展望

(一) 项目优势

1. 聚焦核心育人目标,支持教学减负增效

"Fun with English"活动评价设计项目以主题为引领,以课程内容为依据,融入语言文化知识、语言技能和学习策略等学习要求,依托不同类型的活动方式来实施评价。有别于"重智育、重知识"的纸笔测试评价手段,评价的内容选择面广,类型层次丰富,贴近学生实际,兼顾学业成果及其素养发展,循序渐进、由浅入深的活动伴随教学全过程。同时,项目设计过程的实施手段多样灵活,能充分考虑学生间个体差异,形成遵循学生成长规律、符合学生内在需求,为真正提升课堂实效发挥重要功能的有力工具。

2. 创设真实育人情境,优化体验减压增趣

项目学习过程不以语言知识和技能为单一评价标准,而是以主题为模式创设不同语境,由情境带动语言学习,并着力在活动过程中提升内容的真实性和趣味性,增强学生的学习体验感,以此减小学生间差异导致的学业压力,更好地提供学生感受、思考、表现的机会,由此促进情意、思维发展,帮助提升其在真实生活情境

中解决实际问题的能力。

(二) 项目反思

有待进一步实践验证的是,学习评价类项目的主题、目标、内容可否伴随学生成长无限进阶,不断迭代;通过阶段性地反映学生学业成果,捕捉学生进步发展的动态,为教学分析提供真实有效的信息,从而指导改善教与学,教学相长,使学生获得阶梯式成长支持,为实现"双减"目标提供新模式。

LE 专栏撰稿人(LE Columnists)

张余珏

"LE 专栏撰稿人"隶属"启慧：发现自己"项目主题模块中的"美德同行"子项目群，项目立足于《英语(牛津上海版)》五年级第一学期第四模块的第一单元(简称"5AM4U1")的教学内容。在本单元中，学生通过学习语篇"How to make a rainbow?（如何制作彩虹?）""How to make tea?（如何泡茶?）"，理解并学会使用表示顺序的副词来描述操作步骤；通过学习语篇"The Yangtze River(长江)"和"The journey of the Little Water Drop(小水滴的旅行)"，进一步学习如何使用表示顺序的副词描述事物的发展规律。学生围绕"水"的主题，学习如何使用顺序副词 first、next、then、finally 有逻辑地说明事情发展的规律。

为配合项目的实施，在英语交流学习公众号"乐英星球"(Let's English, 又称"LE 星球")特别开辟了互动专栏"How to …(如何……?)"，鼓励学生发挥特长，分享生活智慧，将语言迁移运用到真实生活中。

本项目历经 5 课时，项目各阶段课时安排如表 1 所示。

表 1 项目各阶段课时安排

项 目 阶 段	课 时 安 排
问题提出	1 课时
项目探索	2 课时
成果研发	1 课时
项目小结	1 课时

一、项目设计

(一) 项目目标

1. 语言能力

(1) 能理解语篇"The journey of Little Water Drop""The Yangtze River"等，了解水循环的过程，了解长江流经地，并在语境中理解表示顺序的副词 first、next、then、finally 的用法。

(2) 能在语言支架的帮助下用表示顺序的副词 first、next、then、finally 表达事物发生的先后顺序。

(3) 能用表示顺序的副词 first、next、then、finally 有顺序、有逻辑地解决生活中的问题。

2. 学习能力

(1) 积极参与英语实践活动。

(2) 学习中认真思考，主动探究，发现语言规律。联系生活经验并能加以分析、概括，运用语言规律。

3. 思维品质

具有问题意识，能初步进行独立思考，尝试分析和概括事物的规律。

(二) 挑战性问题

1. 本质问题

如何有序地介绍事物？

2. 驱动性问题

英语学习公众号"LE 星球"为了与读者加强交流，特别开辟了"How to …"专栏。回复"how to"获取问题列表，探索个性领域，分享生活智慧！我们在 LE 星球等你！作为 LE 星球的专栏撰稿人，你能发挥自己的特长，挑选感兴趣的问题，分享生活智慧，回答读者疑问吗？(We will soon start a new column "How to …" in our official account Let's English. Reply "how to" to get the question list from our readers. Can you help our readers out? Share your wisdom of life, and you are the next columnist!)

(三) 预期成果

个人成果：向专栏投稿。通过迷你展的形式，鼓励学生将自己的想法写一写、画一画，形成完整的小报作品。表现优秀的作品将有机会刊登在公众号专栏中。

(四) 预期评价

1. 过程性评价

(1) 对于学生提出的"如何做事"的问题,评价关注问题的真实性、趣味性。

(2) 完成支架课程学习后,学生复述语篇,评价关注学生能否正确使用 first、next、then、finally,以及学生是否能按照逻辑顺序进行描述。

2. 终结性评价

根据学生个人成果"How to ..."的专栏撰稿,设计表现性量规进行评价,包含对于语言表达、语言内容及设计等维度的考量(表2)。

表2 "How to ..."作品的表现性评价量规

Categories	Needs to improve 0	Fair 1	Good 2	Excellent 3	Score
Spelling & grammar 拼写和语法	The student makes more than 4 spelling and grammar mistakes.	The student makes 3-4 spelling and grammar mistakes.	The student makes 1-2 spelling and grammar mistakes.	The student makes no spelling and grammar mistake.	
Vocabulary 词汇 — Sequence adverbs 表顺序的副词	The student doesn't care to use sequence adverbs.	The student uses 1-3 sequence adverbs.	The student uses all the four sequence adverbs that are required and puts them in correct order and in correct places.	The student uses more sequence adverbs than was required and puts them in correct order and in correct places.	
Content 内容 - Logicality 逻辑性 - Practicability 实用性	The student doesn't try to answer the question in a logistic way, or the ideas may not be effective or successful in a real situation.	The student tries to answer the question in a logistic way. However, the ideas may not be effective or successful in a real situation.	The student tries to answer the question in a logistic way. The ideas may be effective or successful in a real situation.	The answer indicates strong logic thinking. The ideas may not be effective or successful in a real situation.	

LE 专栏撰稿人(LE Columnists)　　　　　　　　　　　　　　　　59

续　表

Categories	Needs to improve 0	Fair 1	Good 2	Excellent 3	Score
Design 设计 – pictures and layout 图片和排版	Pictures are not related to the texts.	Pictures and texts are related. Most times they are organized.	Pictures are colorful and go well with texts. They are well-organized and make the solution easy to understand.	Pictures and texts are nicely placed. Pictures help the solution easier to be understood.	
Originality 创意	The student gets additional 3 points if he/she has a solution that no others have. (List the part that is original or unexpected, but reasonable.) ——————— ——————— ———————				
Comments:					Total:

二、项目实施

(一) 问题提出

1. 项目背景

教师向学生说明项目背景：英语学习公众号"Let's English"开辟了新专栏"How to …"。教师以"How to make a rainbow？""How to make tea？""How does the Little Water Drop travel？""Where does the Yangtze River go？"等问题为例，向学生说明收集的问题类型。

2. 形成问题列表

学生在独自思考后，将想到的有趣问题写下来。将学生所有的问题汇总后，形成问题列表，学生一一阅读，选出自己感兴趣的或者有趣的问题(见图1)。教师考量问题是否适合使用表示顺序的副词进行解答、问题是否积极正面、问题是否多元，进而形成问题列表(图2)。

60　通往智慧的阶梯 2——小学英语项目化学习实践方略

(a)

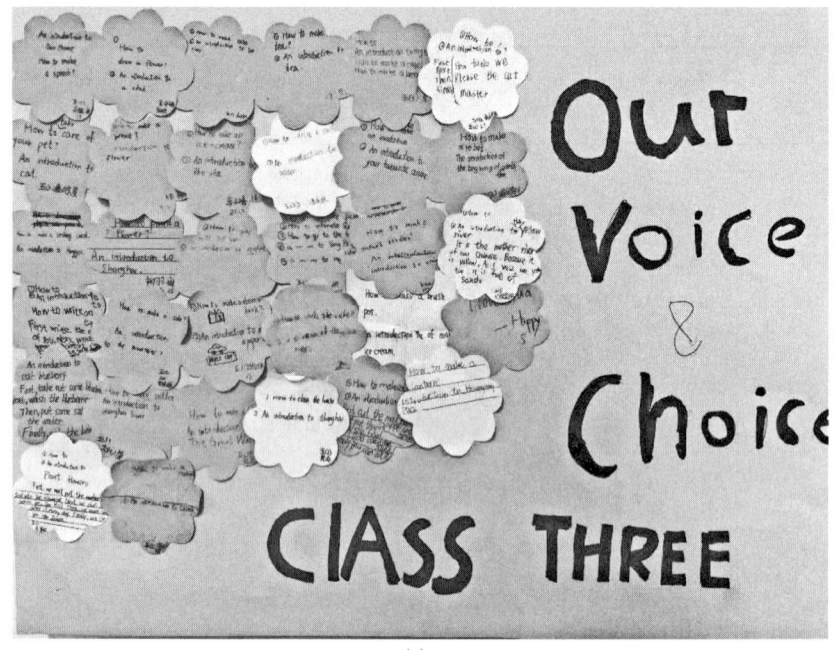

(b)

图 1　收集问题

LE 专栏撰稿人(LE Columnists) 61

> 最近我们全年级征集了How to.../ A brief introduction to ...的好点子。从上面的班级海报中，我们看到了大家的奇思妙想。
>
> 经过大家的商量，选择了以下题目：
> 1. How to make tea?
> 2. How to plant flowers?
> 3. How to get more red packets in Chinese New Year?
> 4. How to make instant noodles?
> 5. How to piss off Mum?
> 6. How to help old people use the Internet?
> 7. How to make breakfast for your mum?
> 8. A brief introduction to the Christmas
> 9. How to make a speech?
> 10. How to make a cup of coffee?
> 11. How to make salad?
> 12. An brief introduction to making a paper car.
> 13. An brief introduction to the Yellow River

图 2　形成问题列表

3. 提出驱动性问题

作为 LE 星球的专栏撰稿人，你能发挥自己的特长，挑选感兴趣的问题，分享生活智慧，回答读者疑问吗？（参见第 57 页）

4. 分解驱动性问题

学生讨论如何回应驱动性问题，在这一过程中可能需要什么知识技能，需要什么资源支持。最终他们达成共识，将该解决问题的步骤分解为：构思并形成文稿、修改文稿、配图、发布。

5. 制定项目日程表

教师与学生约定好最终成果展示时间，学生借助时间管理工具《周而复始》明确项目日程与安排。

(二) 项目探索

学生在分解驱动性问题时就提出,如何将步骤描述清楚是解决问题的关键。通过英语课上学习 4AM4U2 的"How to make a rainbow?"和"How to make tea?"两个语篇,学生了解如何使用表示顺序的副词描述操作步骤。通过学习"The Yangtze River"和"The journey of the Little Water Drop"两个语篇,学生知道如何使用表示顺序的副词描述事物的发展规律。在课后,他们使用 first、next、then、finally 复述课堂上所学的语篇,巩固表示顺序的副词的用法。

通过知识的学习、理解和建构,学生学会正确地运用表示顺序的副词,接下去他们可以在真实情境中运用学到的语言知识了。

(三) 成果研发

学生从问题列表中选择自己能回答并且感兴趣的问题,用 first、next、then、finally 等副词编写文本进行回答,教师帮助学生完善语言表达。完成初稿后,教师引导学生思考:回答是否能有效地回应驱动性问题?学生发现,有些回答呈现的步骤不完整,按照文本内容根本不能解决问题,而有些回答缺乏可操作性,还需进一步修改。在和同伴交流以及向长辈请教后,学生继续修改自己的文本。

与此同时,教师与学生讨论海报评价规则,形成评价量规,学生了解本次任务评价点后,着手制作海报。

(四) 项目小结

学生在学校公共区域布置"怎么做"迷你展("How to do it" Mini Exhibition)(图3)。教师组织引导学生参观展览、阅读成果,并进行投票和评价。教师则根据表现性评价量规对学生的作品进行评价。最终,最佳作品有机会被 LE 星球录用刊登。

本次项目实现了五年级学生全员参与。作为一个微型项目,本项目聚焦《英语(牛津上海版)》五年级第一学期 Module 4 Unit 1 Water(水)这一主题,学生通过"如何泡茶""了解长江""小水滴的故事""如何制作彩虹"等话题,理解和学习运用副词 first、next、then、finally 对事物的发展和规律做有序的介绍。在成果展示中,学生和教师都尤为关注语言的逻辑性。

以学生成果"How to make breakfast for your mum?(如何为你妈妈做早餐?)"(图4)为例,这名学生选择了一个热门的问题"how to make breakfast for mum"。她十分准确地将制作早餐的过程清晰、有条理地进行了介绍。难能可贵的是,她并没有被教材和课堂中所学到的四个表示顺序的副词限制住。不同于其他

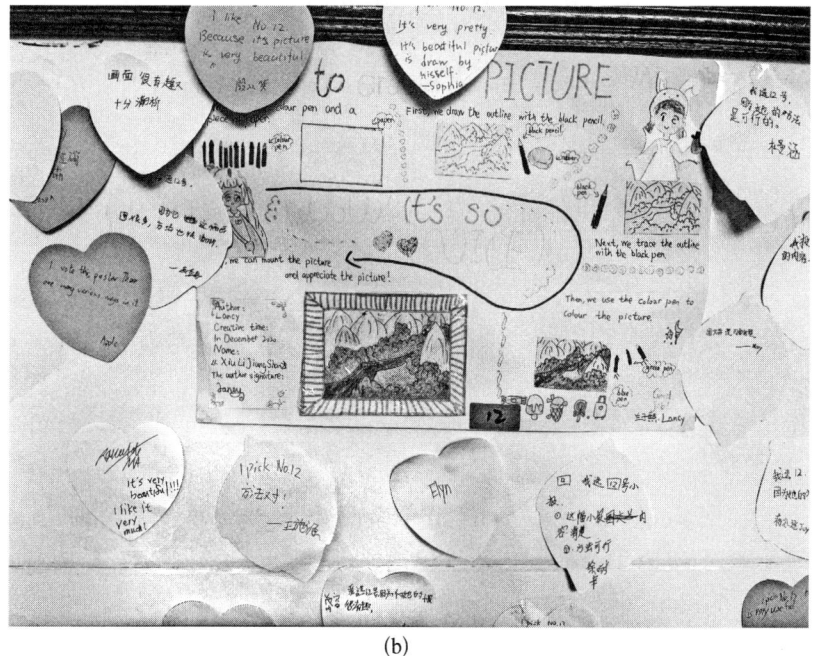

图 3 "怎么做"迷你展展示内容

图 4　学生作品"How to make breakfast for your mum?"

同学普遍用四个步骤完成早餐,她解决这个问题需要五个步骤,出于真实的表达需求,学生向教师询问了如何再增加一个顺序副词,学到了 second,完美地解决了这一问题。

除了语言的准确外,这份成果使用流程图呈现,将思维过程可视化,而教师在学生制作成果时并没有提出这一要求。可见学生对于顺序副词的理解十分准确,富有逻辑。

学生似乎对食物有着天然的兴趣,在"问题列表"中,如何制作某种食物是常见的问题,这也确实与学生的生活息息相关,不论是教师还是学生都乐于见到类似的内容。图 5 学生作品解答的是"How to make salad?（如何制作色拉?)"。除了正确使用表示顺序的副词之外,他还为自己的文案加了开头"I like salad very much. Do you know how to make a vegetable salad? Let's have a try."和结尾"Now you can enjoy your salad!",整合起来看其实已经是非常完整而有逻辑的语言输出了,语言表达非常有亲和力,有自己的风格。

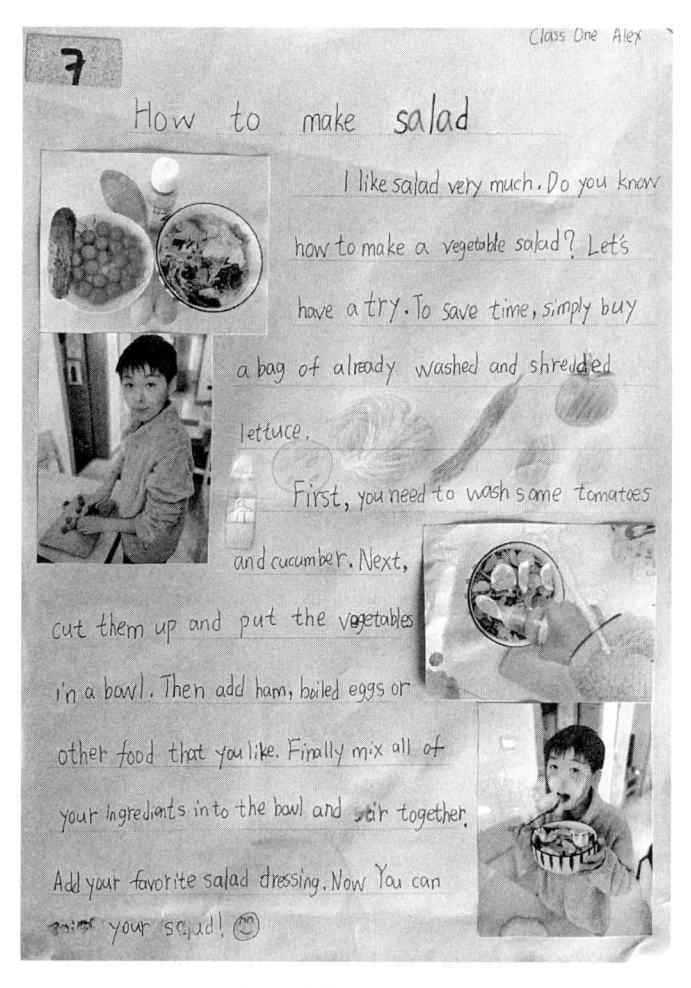

图 5 学生作品"How to make salad?"

在问题列表中的"How to get more red pocket in Chinese New Year?（如何在过年时多拿红包?）"让教师眼前一亮,是一个有童趣又别具一格的问题,让人读了忍不住会心一笑。项目是在 12 月底进行的,农历新年即将到来之际,学生们也都在期盼着来自长辈们的新年祝愿。图 6 的学生作品用十分幽默的话语和富有创意的方式为小伙伴们支招,甚至还用上了"wechat（微信）""alipay（支付宝）"这样的手段,关注到了"red packets grabbing activities（抢红包活动）"。实用的小技巧背后体现的是学生对生活的观察,以及在回答生活中的问题和困惑时,用英语交流和沟通的尝试。用英语做事情,这正是英语课的目标,是所有英语教育者所乐见的。

图 6　学生作品"How to get more red packets in Chinese New Year?"

三、项目反思与展望

（一）项目优势
本项目的优势主要体现在学生的收获和教师认知的转变。

1. 对于学生

（1）抽象到形象的认知转化。在学生成果海报中，不难发现，几乎所有学生都能分解问题，正确使用副词 first、next、then、finally 描述解决问题的步骤。脱离课本、课堂，抛弃"完成作业"的心态来到真实世界，面对来自小伙伴们亟待解决的问题,学生将抽象的语言知识转化为具体形象的语言。

(2) 模糊到清晰的感受转换。五年级的学生已经具有不少生活经验,也有一些生活智慧,具备解释生活中常见问题的能力,而且学生之间由于不同的兴趣特长和生活习惯,往往能够互补,只是平时沉迷学习鲜少交流。在本次"LE 专栏撰稿人"项目中,学生利用自己的语言知识,在教师提供的范例支架、知识支架、工具支架等的引领下,理清思路,将原有对事情发展规律的模糊感受,转化为清晰而有逻辑的表达。

(3) 文字到画面的意象转变。项目成果以海报形式呈现,实现了从文字到文字与画面结合的升级,学生通过配图、排版、美化,在成果中嵌入更多自己对于问题的所感所思。图片与文字相得益彰,画面更为文字增添了文字所不能传达的情感和意象。

2. 对于教师

英语学科由于学科特性,每每谈及思维,往往容易被语言限制。本项目并没有一味追求项目的宏大,而是结合英语教学基于单元整体规划的总方针,强化学科核心素养中对于学生思维能力和学习能力的培养,帮助学生将所学语言知识进行迁移和在真实世界中的综合运用。整个项目实施过程中,教师不需要额外的课时,学生也没有增加额外的学业负担。可见,微型项目可以成为英语学科项目化学习常态化实施的一个重要途径。

(二) 项目反思

1. 项目成果形式多元化

本次项目化学习最终成果是海报,优秀的海报可以发布在公众号上。诚然,学生在"海报"这一媒介上做出了自己的个性化表达,但如若与真实世界更加融合,那么除了海报之外,教师甚至可以鼓励学生直接尝试编辑、发布公众号。

2. 项目评价主体多元化

本项目评价者为五年级学生。如果有来自专家(教师、家长)的评价,对于成果内容从更为真实、实用的维度进行考量,则对于学生形成创造性解决问题的思路更有裨益。

第三篇

启行：面向未来
Outstanding Opportunities: Preparing for the Future

启行：面向未来

一、项目主题模块目标

从"启行：面向未来（Outstanding Opportunities: Preparing for the Future）"主题出发，我们为本模块设置以下目标：

1. 增加学生对真实世界的了解，拓宽其社会视野。学生在课程中探索世界各地的不同文化和历史，了解不同的社会角色和社会组织的运作方式，感受社会结构和社会变迁，探索人际关系、校园生活、社会规则等方面的话题，将孤立的课堂知识与真实世界相联系。

2. 培养学生的社会责任感和全球意识，启发学生的全球视野。学生在探讨个体与社会整体、个体与个体之间关系的过程中，认识到自己是社会的一部分，社会责任感得到了提升。学生积极思考自身作为全球公民所扮演的角色，认识到社会存在的问题和需求，逐渐形成为社会和世界做出贡献的能力和意识。

3. 增强学生的社会体验，提高社交能力。学生参与到社会实践中，带入真实世界的角色，与不同背景和特点的人互动和沟通，从不同角度思考，合作解决难题，提高了语言表达能力和人际沟通能力。促进学生更好地应对未来的社会和职场的挑战，实现他们的梦想和目标。

4. 鼓励学生认识到文化的多元性，增强民族文化自信。学生主动学习世界各国的文化、历史、习俗和价值观，了解和尊重他人的文化，增加对多元文化的理解和包容，丰富自己的世界观和视野。同时通过研究祖国的历史、传统、习俗和价值观，更好地理解和接纳自己的身份和文化价值，提升自己的文化自信心。

二、项目主题模块内容

本模块匹配新课标中"人与社会"这一主题范畴，下设"链接社会（Linking Community）""穿越文明（Bridging Civilization）"两个子项目群。

"链接社会"项目群帮助学生逐步走近和认识自己身边的学校、社区、世界,关注学校、社会活动及存在的问题,建立自我与他人、自我与社会的联系。"穿越文明"项目群帮助学生探索人类社会的文学、艺术、体育、科技等领域,感受文化的多元性与民族文化的魅力。学生在"链接社会"和"穿越文明"两个项目群的学习中代入真实职业的角色,如宣传官、创造家、规划师等,加强学生与真实世界的联系,培养能够面向未来的能力。

在本篇中,共分享5个案例,其中"链接社会"项目群下属2个案例,分别是《未来教育家(Future Educators)》和《文明守护者(Civilization Guardians)》,"穿越文明"项目群下属3个案例,分别是《节日创造家(Holiday Creators)》《体育经理人(Sports Clubs)》和《奇妙博物馆(Night At Museums)》。

"未来教育家"项目源自《英语(牛津上海版)》(简称《英语》)五年级第二学期第二模块的第三单元,同时结合联合国可持续发展目标。项目中,学生作为"未来教育家"找出杨浦小学及其结对的四川大凉山学校课程的不同,思考当前教育存在的问题,结合日常生活,找到解决方法,为优质教育助力。项目旨在启发学生拥有全球视野,去发现和解决问题,培养学生从小具有改变世界的意识。

"文明守护者"项目源自《英语》五年级第二学期第三模块的第一单元。项目中,学生作为"文明守护者"找出校园中的错误标志并纠正,根据学校需求设计新标志,解决身边的真实问题。项目旨在帮助学生能够理解并介绍标识所示的内容、表达的信息等,从而加强自身规则意识。

"节日创造家"项目源自《英语》五年级第二学期第四模块的第二单元。学生作为"节日创造家"了解中西方节日庆祝的方式,设计一个特殊的节日,介绍其庆祝时间、服饰、饮食、风俗习惯等。项目旨在帮助学生了解不同文化,提高跨文化交际能力,加强对中华传统文化的热爱,继承和弘扬传统节日文化,接纳和包容新时代的节日文化。

"体育经理人"项目源自《英语》四年级第二学期第二模块的第一单元。学生作为学校的"体育社团经理人",在校园中宣传自己的运动社团,吸引更多学生参与社团活动。项目旨在引发学生对体育锻炼及学校体育社团的思考,鼓励学生与好友一同参加体育运动,倡导积极健康生活方式。

"博物馆奇妙夜"源自《英语》五年级第二学期第四模块的第一单元,

学生作为"博物馆设计师"描述参观不同博物馆的经历,设计一个博物馆,介绍其名称、馆内藏品、参观体验等。项目旨在帮助学生了解历史、科技、艺术对人们的影响,培养学生的文化意识。

文明守护者(Civilization Guardians)

沈煌琦

文明是社会进步的重要标志,也是社会主义现代化国家的重要特征,更是实现中华民族伟大复兴的重要支撑。学校是学生生活、学习的重要场所,他们每天在校园中耳濡目染,接受熏陶,因此,校园文明的建设是学校工作的重中之重。但是,校园中时常会有一些不文明的现象发生,部分学生的某些行为可能就会影响校园的文明、和谐。作为教育工作者,除了要教授学科知识,更应该关注学生的德育工作。

《义务教育英语课程标准(2022年版)》中指出,教师要把落实立德树人作为英语教学的根本任务,准确理解核心素养内涵,全面把握英语课程育人价值。引导学生在学习和运用英语的过程中,逐步树立正确的世界观、人生观和价值观。因此,笔者希望通过"校园文明守护者"这一项目帮助学生树立文明意识,从我做起,并能宣传文明行为,制止不文明行为,共同为守护校园文明贡献出自己的力量。

本项目学习内容基于《英语(牛津上海版)》五年级第二学期第三模块的第一单元,属于"启行:面向未来"项目主题模块中的"链接社会"子项目群,从属于"社会服务与人际沟通"主题群,其子主题群为"校园与社区环境保护,公益劳动与公共服务"。"标识"这一话题贯穿了整个小学学段的英语学习,如二年级第一学期的"In the street(在街上)"、四年级第一学期的"A visit to the farm(拜访农场)"、五年级第一学期的"Fires(火灾)"等,其学习内容和学习要求相互关联,呈螺旋式递增。学生在这一项目中了解不同标识的种类,明白标识有提示、提醒、约束行为等功能,懂得什么样的场所需要什么样的标识,能够理解并介绍标识所示的内容、表达的信息等,从而加强自身规则意识,并能提醒他人。

本项目历经7课时,项目各阶段课时安排如表1所示。

表 1 项目各阶段课时安排

项 目 阶 段	课 时 安 排	备 注
问题提出	0.5 课时	问题驱动
项目探索	3.5 课时	探秘标识 寻找标识 修正标识
成果研发	2 课时	设计标识 介绍标识
项目小结	1 课时	展示评估

一、项目设计

(一) 项目目标

1. 语言能力

能在语境中运用核心词汇、句型介绍标识,知道标识的种类,能看懂标识所表达的信息,理解不同标识的含义和功能,并能得体表达自己的情感、态度和观点。

2. 学习能力

在整个学习过程中,需要学生不断对自己的学习任务进行监控,通过对项目化学习工具的使用,学生能对自己及小组成员的学习过程进行调控,合理规划、安排学习进度,学习能力得到提升,逐步成为自我导向的学习者。

3. 思维品质

在项目开展中,通过丰富的学习策略,学生搜集、获取与标识有关的信息,并对信息加以分析、判断、筛选,学生的思维品质在项目化学习中得到提升,为今后的学习产生持续的动力。

4. 文化意识

能够培养正确的价值观、道德修养,明白社会规约的重要性,在自身遵守文明行为的基础上能够尝试劝诫他人遵守规则,共同守护校园的文明和秩序。

(二) 挑战性问题

1. 本质问题

如何正确使用祈使句?

2. 驱动性问题

校园文明需要师生共同守护，标识起到了非常重要的作用，它指引我们、提醒我们。但是在我们的校园中，某些标识存在着一些错误，其中也包括许多英文翻译错误。我们杨浦小学经常会迎来来自国外的访客，当他们在参观我们的校园时，可能也需要这些标识的指引和提醒。校园中有些场所可能还缺少一些标识，从而造成了一些学生不文明现象的发生。所以，错误的标识内容或是标识的缺失可能会造成种种误会，甚至还会造成危险，而正确的标识可以对不文明的现象进行提醒，从而使我们的校园更加文明有序。那么，如何为杨浦小学改进各类标识呢？

（三）预期成果

1. 成果形式

（1）个人成果：找出校园中有错误的标识，修正并介绍。

（2）团队成果：为校园某处设计一个标识并介绍。

2. 展示方式

（1）个人成果：学生以小组为单位，完成个人成果的交流分享。

（2）团队成果：学生公开展示团队成果。

（四）预期评价

1. 过程性评价

（1）学生以小组为单位，完成个人成果"找出校园中有错误的标识，修正并介绍"的交流分享。设计"交流反馈表"，帮助学生对组内所有成员的介绍交流进行反馈和总结。

（2）团队成果展示完成后，通过评价表对学生团队成果分别进行团队自我反思和观众评价反馈。

（3）通过"团队协作能力评价表"对学生在"校园文明守护者"项目中的团队协作能力进行反思和评价。而对学生创造性思维和批判性思维的评价则融于项目的结果评价中。

2. 终结性评价

（1）个人成果：设计量规，对学生的个人成果进行评价。

（2）团队成果：设计量规，对学生的团队成果，从"展示效果"和"标识设计"两个角度出发，进行团队互评打分。其中"展示效果"具体从"介绍逻辑性""语言流畅性"和"展示美观性"三个维度出发，"标识设计"从"标识准确性""标识适用性"和"标识创新性"三个维度出发，共计6个具体的评价维度。每个维度可由低到高分别进行1～5颗星的评分(表2)。

表2 团队成果评价表

团队名称：_____						
展 示 效 果			标 识 设 计			总　计
介绍逻辑性	语言流畅性	展示美观性	标识准确性	标识适用性	标识创新性	
☆☆☆☆☆	☆☆☆☆☆	☆☆☆☆☆	☆☆☆☆☆	☆☆☆☆☆	☆☆☆☆☆	_____颗☆

二、项目实施

(一) 问题提出

1. 驱动性问题如何提出？

在入项活动中，教师首先请学生们以"Signs around us(我们身边的标识)"为话题，讨论自己在日常生活中常见的标识以及其所在的场所，帮助学生将常见标识和对应场所进行联系，调动学生已有的认知以激发学生的学习兴趣。接着，教师结合实际情况，提出驱动性问题(参见第76页)。

2. 如何对驱动性问题进行理解并分解为哪些子问题？

为了帮助学生进行更深层次的思考，教师进一步抛出问题：

> 校园中哪些地方会有标识？
> 这些标识存在的意义是什么？
> 你是否有留意到哪些标识存在错误？你认为哪些地方缺失了标识？
> ……

基于此，学生开始分组讨论。

学生汇报了初步想法后，教师请学生继续思考：设计一个标识需要考虑到哪些因素？怎样才能设计出最合适的标识？

然后，师生在讨论中形成了以下问题链：

> 子问题1：如何正确介绍标识？
> 子问题2：如何修正校园中有错误的标识？
> 子问题3：如何根据不同地点设计合适的标识？

3. 项目日程表

教师与学生约定了最终成果展示时间,学生明确了项目日程与安排。

(二) 项目探索

针对以上问题,学生在探究实践环节,通过对标识(Signs)的学习,掌握语言框架,理解介绍标识的逻辑。接着,通过对之前所学的与标识相关的内容进行回顾和进一步学习,丰富学生对不同种类标识的认识,了解相关的语言表达方式,理解标识所表达的信息。

1. 子问题1:如何正确介绍标识?

在支架课程中,学生知道标识主要分为禁止标识(prohibition sign)和指示标识(instruction sign);哪些场所会存在标识,如商场、马路、学校等公共场所;明白标识存在的意义是告诉人们在特定场所该做什么或不该做什么,哪里可以通行或哪里禁止通行等。通过学习,学生能读懂不同标识,并能够简单介绍标识的内容(What does this sign say?)及其传递的信息(What does this sign mean?)。

课后,请学生尝试寻找身边的标识,然后运用所学语言对其内容和传递的信息进行介绍,进一步巩固在支架课程中学到的内容。

在介绍的过程中,学生指出该标识出现在什么场所,然后请学生思考:为什么在该场所会有这一标识,其存在的意义是什么?能起到什么样的作用?它出现在这一场所是否合适?请学生初步讲讲标识与场所的关联,并找出其存在的逻辑性,为学生之后设计新的标识进行铺垫。有学生提出,标识有提醒他人、约束他人的功能,如果人人都能遵守标识上的内容,那么我们的校园将会变得更加文明和安全。

2. 子问题2:如何修正校园中有错误的标识?

学生掌握基本的语言框架后,请他们尝试找出校园中包含错误的标识。在找标识前,请学生先根据自己的观察总结校园中存在标识的地方主要有哪些。根据学生的记忆,生成学校主要区域列表(表3)。

表3 校园区域名称列表

In the school	In the school
library(图书馆)	gym(体育馆)
hall(礼堂)	corridor(走廊)
canteen(食堂)	stairway(楼梯)

续　表

In the school	In the school
playground(操场)	lift(电梯)
garden(花园)	…
toilet(厕所)	

学生回忆自己在学校看到最多的标识是什么。学生指出,校园中存在最多的标识是"安全出口"和"禁止吸烟"。其中,"安全出口"主要出现在每个楼梯口,"禁止吸烟"则分布在很多区域。学生分小组讨论这两种标识是否重要,出现在学校是否合适。学生们各抒己见,分别给出了自己的见解。几乎所有学生都认为"安全出口"这一标识十分重要,当遇到紧急情况,如火灾、地震,我们需要"安全出口"的指引帮助我们逃离教学大楼,学生的安全意识很强。而对于"禁止吸烟",学生们则持有不同的看法。有的学生认为,学校和其他公共场所不同,小学生不会吸烟,所以这类标识可以适当减少;有的学生则指出,校园内除了学生,还有教师、后勤人员等成人,甚至有时候还会迎来不同的访客,如外校教师、家长,这类标识可以提醒他们不要抽烟,也是为了消防安全考虑。学生们的这些想法反映出他们真的用心在思考,深入挖掘标识存在的意义。

然后,请学生带着相机或纸笔等工具去这些区域"找找茬",看看哪些标识存在错误,用拍摄或绘画等形式记录下来,然后尝试进行修正。在这一过程中,学生除了借助自己已有的学科知识,也可以查阅资料、学习工具等。

在此次项目中,学生多次进行团队合作。学生们将自己找到的错误标识罗列出来,完成任务单(图2)。

之后,根据标识进行分组,找到同一个错误标识的学生进行小组讨论,互相分享自己的修改方案,进行"找出校园中有错误的标识,修正并介绍"的个人成果交流分享,请组员对自己的方案进行评价。

交流结束后,以小组为单位对同一标识的修改方案进行完善,讨论得出最终修改方案,完成修正错误标识的任务。然后,对标识存在的错误进行总结,如单词拼写错误、语法错误、图文不符等,为此后设计标识提供借鉴,起到提醒作用,避免产生类似的错误。

(a) (b)

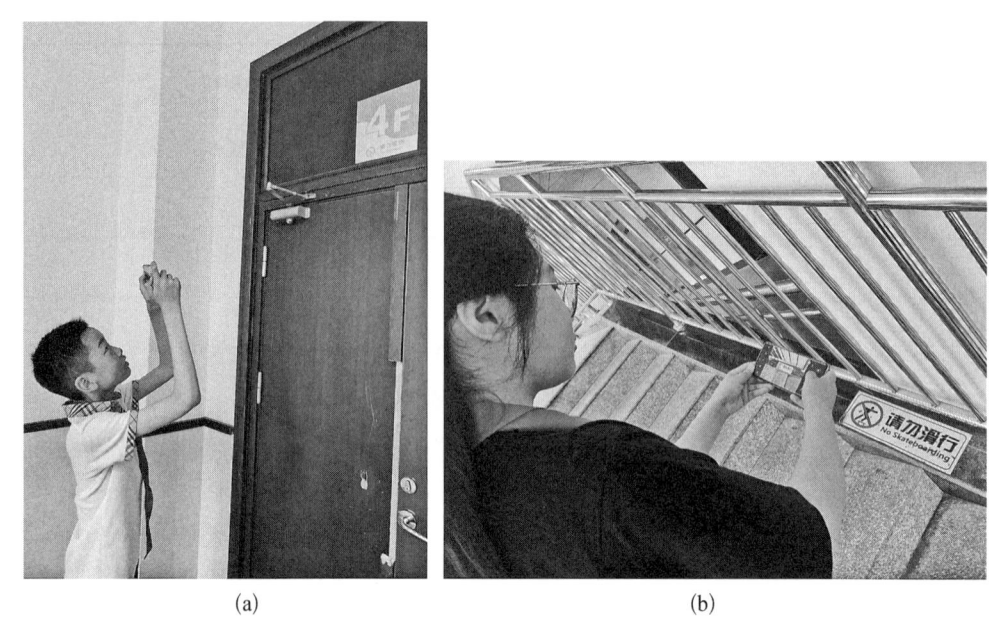

图 1　学生记录校园错误标识

Task: Find the signs and try to correct

序号	位置	标识（内容）	类型	问题	解决方法（如何纠正、修改）
1	教学楼B楼1~4层楼梯	禁止滑行 No Skateboarding	禁止 ☑ 指示 ☐	滑行的英文不是"skateboarding"。	将"Skateboarding"改成"Sliding"。
2	教学楼A楼4层楼梯口	禁止吸烟 No Smocking	禁止 ☑ 指示 ☐	吸烟"smoke"的现在分词不是"smocking"。	将"Smocking"改成"Smoking"。

图 2　学生完成的任务单示例

（三）成果研发

子问题 3：如何根据不同地点设计合适的标识？

学生完成个人成果之后，开始准备团队成果"为校园某处设计一个标识并介绍"。请学生先思考：设计标识需要考虑到哪些因素？怎样的标识才是合适的？如何根据不同地点设计合适的标识？

学生再一次进行小组讨论：校园里有哪些不文明现象？通过讨论，学生指出校园里不少地方有不文明的现象。有的时候路过饮水机,会发现水龙头没有关,浪费水的现象很严重;下课的时候,有些学生会在走廊里奔跑,容易撞到他人,十分危险;上下楼梯的时候如果人很多,常常会拥挤,如果不当心可能会造成碰撞和跌倒;有时临近下课,有的班级从专用教室或操场回班级的时候会大声喧哗,影响到正在上课的班级;有的同学会在小花园的池塘边玩水,还会往里面扔石头和树枝,十分不文明……学生们指出了许多自己曾看到过的不文明现象,有的同学不好意思地笑了笑,原来自己也曾做出过一些不文明的举动。

接下来,请学生思考,是否可以为这些不文明的现象设计合适的标识,来规范学生们的行为。学生纷纷表示这是十分有必要的。学生根据区域或某一不文明现象自由分组,共同商讨如何设计标识。分完组以后,每个团队根据自己选择的区域或不文明现象先讨论构思,想要设计什么类型的标识,标识的大致内容是什么。完成构思以后,就进入了设计和实施环节。

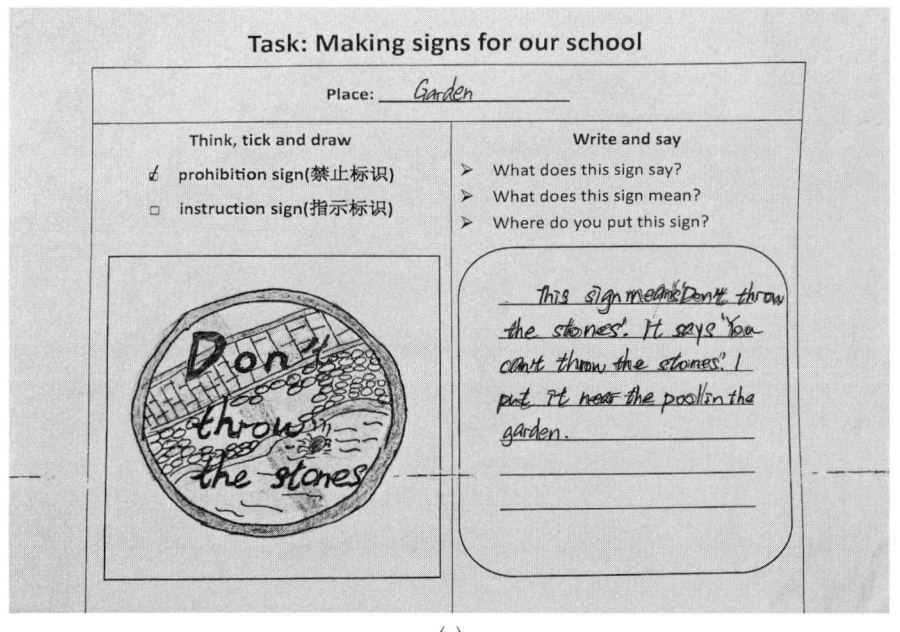

学生先完成"文明守护人"任务单,任务单上主要包括放置标识的地点,标识的类型,标识的内容,以及介绍标识的句型提示。学生借助"项目工作计划表",理清各个环节需要完成的工作,根据成果展示日期制订计划,并进行合理的团队分工。

(a)

82　通往智慧的阶梯2——小学英语项目化学习实践方略

Task: Making signs for our school

Place: stairway

Think, tick and draw
- ☐ prohibition sign(禁止标识)
- ☑ instruction sign(指示标识)

Write and say
- ➢ What does this sign say?
- ➢ What does this sign mean?
- ➢ Where do you put this sign?

This sign says "Walk on your right."
It means "When me upstairs or downstairs, we should walk on the right."
I want to put it at the doors to the stairs.

(b)

Task: Making signs for our school

Place: Beside the water disponser.

Think, tick and draw
- ☑ prohibition sign(禁止标识)
- ☐ instruction sign(指示标识)

Write and say
- ➢ What does this sign say?
- ➢ What does this sign mean?
- ➢ Where do you put this sign?

It says that don't waste the water.
It mean we should close the stopcork.
I put this sign beside the water dispenser.

(c)

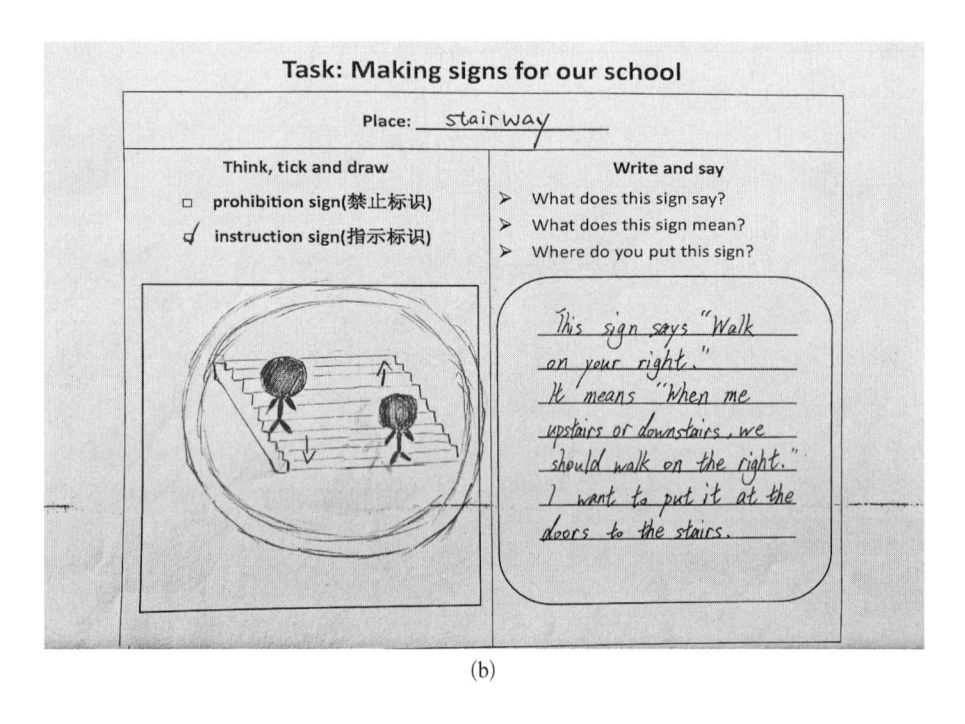

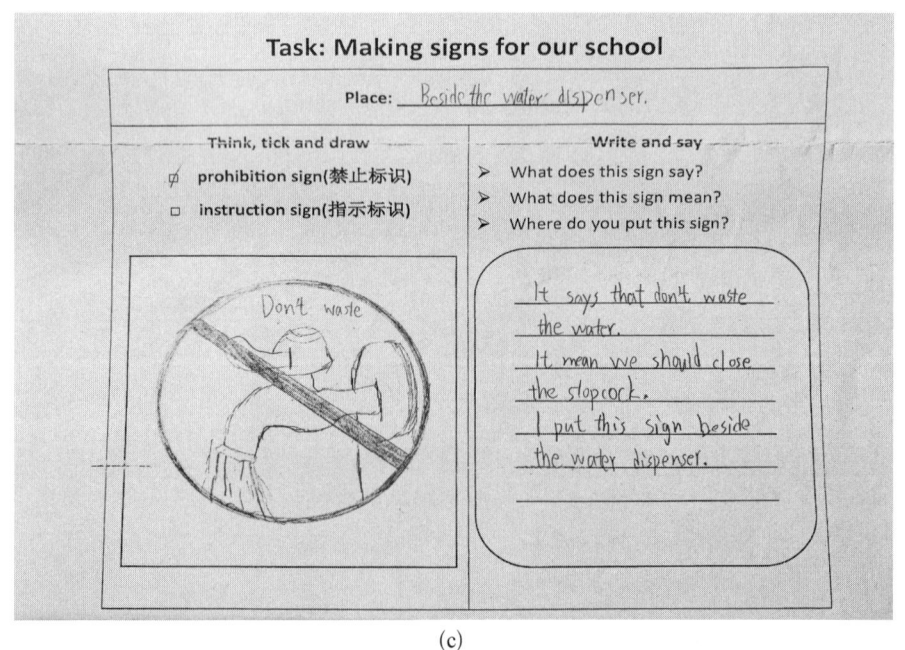

图3　不同团队完成的"文明守护人"任务单

(四) 项目小结

基于对标识设计的探索,在本次"校园文明守护者"的项目化学习历程中,学生们共设计出了 11 个标识:有的标识倡导节约能源,如请随手关水龙头、请节约粮食、请随手关灯;有的标识主要提醒安全事项,如上下楼梯靠右走、请勿奔跑、请勿嬉水等;有的标识则倡导文明行为,如请勿大声喧哗、请保持地面整洁等。

作为本次项目化学习的最终呈现,通过投票的方式将校园文明守护者们所设计的标识选出来,然后进行制作和张贴,将他们的付出真正落到实处。后续将进一步观察,看看标识是否能够对不文明的现象进行提醒,从而让大家的行为更规范,让我们的校园更加文明。

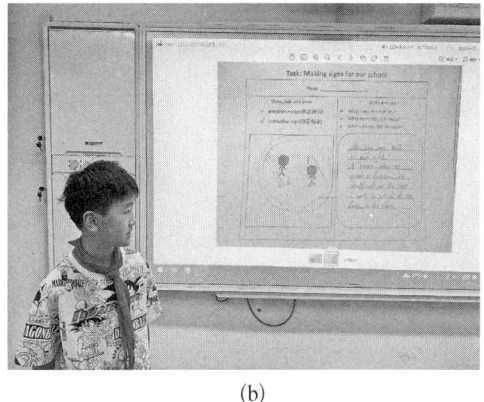

(a)   (b)

图 4 团队代表展示团队成果

三、项目反思与展望

(一) 项目优势

1. 践行"学思结合、用创为本"的英语学习活动观

在项目化学习中,始终秉持在体验中学习、在实践中运用、在迁移中创新的学习理念。标识无处不在,守护校园文明也是每位学生的责任,所以认识标识、为校园设计标识是在真实情境中学习解决真实问题,激活学生的已知,让每一位学生参与到指向主题意义探究的学习理解、应用实践和迁移创新等一系列相互关联、循环递进的语言学习和运用活动中。引导学生在学习理解类活动中获取、梳理语言知识,建立知识间的关联;坚持学用结合,引导学生在应用实践类活动中内化所学语言和文化知识,加深理解并初步应用;坚持学创结合,引导学生在迁移创新类活动中联系实际,运用所学解决现实生活中的问题,即通过标识约束学生的行为,共同创造文明校园,从而形成正确的态度和价值观,即遵守规则、守护文明。

2. 提高学生的团队合作意识和能力

学生在项目中不断思考,根据实际情况进行分组,每一个环节几乎都需要团队合作,而且不同环节的团队成员也有所不同,这能够有效提高学生的团队合作意识,明白在团队中要贡献出自己的力量,通过讨论、协商高效地完成阶段任务。学生也能够通过协调,懂得在团队中要相互理解、相互包容,适当地让步,共同优化团队成果,从而提高团队合作能力。

3. 提高学生的思维能力

学生在项目中不断激发自己的思维。当他们在思考标识的作用时,他们将校园不文明现象和标识的内容建立起联系,然后判断什么样的标识能够约束什么样的行为,在哪里贴标识能够更直观有效,比如在每天中午的午餐保温箱上贴上"请节约粮食"的标识,在学生拿午餐盒时就能直接提醒学生节约粮食;在饮水机水龙头正上方贴上醒目的标识"请随手关水龙头",提醒学生节约用水。这一思考过程有效提高了学生的逻辑思维能力。有的学生还提出了一些教师都没有想到的观点,就是设计电子标识,根据不同的时间段显示不同的内容,比如在走廊上可以设立电子标识牌,在上课期间,标识牌显示的是"请勿喧哗",提醒在走廊上的人保持安静,不要影响他人上课。而在下课期间,标识牌转换为"请勿奔跑",提醒学生在课间注意文明休息,保证自己和他人的安全。甚至在特殊时期,如有访客来到校园参观,电子标识牌可以指引客人到达不同的地方。通过这一项目,极大激发了学生的创新思维。

4. 提高学生的文明意识

学生在这一项目中可以思考平时校园内有哪些不文明的现象,从而联系到自身,反思自己是否也有过不文明的举动,从而也是对他们的一种提醒。当他们在为这些不文明现象设计标识时,也能够进行反思,自己以后也要多注意,避免做出类似的不文明行为,从而共同守护校园的文明。

(二) 项目反思

1. 加强学生对学科知识的深度理解

项目化学习是有思维含量和思维发展意义的学习。教师要通过项目化学习让学生透过问题的情境看到问题的本质,然后在实际问题的探究和解决中,调动和激活相关的知识,形成可迁移的思维方式,并在项目的完成中实现对英语学科知识的深度理解。教师应尽可能创造条件让学生不断迸发思维火花。

在这一过程中可以看到,学生不能只是学科知识的复制者,而应该是有灵动生命的生活者。项目化学习的真实情境激发了学生的学习兴趣,他们成为项目参与者,标识创造者,这远比让他们看着图片介绍标识的含义有意义,学生能够深入思考,达成深度学习。

2. 从校园文明引申到社会文明

在校园中,学生的身份是学生;离开校园,他们是社会中的一分子,是国家的公民。从小养成文明意识和共同守护文明的意识可以培养他们正确的价值观,在未来,他们会懂得在公共场所要规范自己的言行,遵守规则,养成文明的好习惯。

项目化学习要让学生感受到学习的意义。课堂上学习学科知识的时间是有限的,而让学生自己去探究的时间则是无限的。学习的意义在于谋求完善自我,完善与他人及社会的关系,完善人与自然的关系。这也是在今后的教学中要关注的。作为教师,要在教学中创造鲜活的、智慧的、符合人的学习成长规律的活动,而不是把教学作为一套机械、僵化、背离人的学习和成长规律的操作程序。项目化学习是教师和学生合作展开有意义的探究的过程,在探究中表达并实现自己的思想和意义。

未来教育家(Tomorrow Educator)

陆雯婷

2015年,联合国可持续发展峰会正式通过17个可持续发展目标(Sustainable Development Goals,缩写为SDGs)及169个子目标,。SDGs课程教育的总体目标是培养学习者促进可持续发展的跨领域能力,通过促成社会、经济和政治方面的变革,改变个人的行为。SDGs课程教育的目标是为了培养兼具理解和尊重多元生命文化和发展的知识,脚踏实地解决问题的综合能力,胸怀天下的主人翁态度,包容多元的批判性思维,以及愿意和具备躬身实践可持续发展理论的个体行动者。在17个可持续发展目标中,杨浦小学主要研究的是Quality Education(优质教育)。教育问题与学生息息相关,也是学生比较感兴趣的。引导学生去发现教育存在的问题,并结合学生的日常生活,找到解决方法,从而为优质教育助力。结合上海现行统编英语教材《英语(牛津上海版)》中与学校生活相关的话题和教学内容,项目组开发和设计了"Tomorrow Educator(未来教育家)"英语学科项目。

项目隶属"启行:面向未来"项目主题模块中的"链接社会"子项目群,教师基于英语学科特点,结合SDGs目标,采用项目化学习的方式,启发学生拥有全球视野,发现问题、解决问题,培养学生从小具有改变世界的意识。

本项目历经6课时,项目各阶段课时安排如表1所示。

表1 项目各阶段课时安排表

项 目 阶 段	课 时 安 排	学 习 资 源
问题提出	1课时	
项目探索	2课时	思维导图
成果研发	2课时	倡议书Presentation
项目小结	1课时	三省吾身 金玉良言

一、项目设计

(一) 项目目标

1. 语言能力

(1) 在谈论 timetable(课程表)的语境中,理解和运用与学科相关核心词汇,关注其音、形、义。

(2) 能在语境中运用句型"It's time for …"描述课程表;能在语境中运用"— What is/ are your favourite subject(s)? — My favourite subject(s) is/ are …(—你最喜欢的科目是哪个/哪些?—我最喜欢的科目是……)"对最喜爱的科目进行问答。

(3) 了解各学科的特点及活动,体验课程文化;喜欢每一门学科,热爱学校和生活。

2. 学习能力

通过为教育问题出谋划策,使学生拥有提升优质教育的意识,搭建知识与实践之间的桥梁,培养学生理论联系实际的能力。在项目实施的过程中,重在启发学生拥有全球视野,去发现问题,并解决问题,从而培养学生从小具有改变世界的意识。

3. 思维品质

依托真实情境开展"未来教育家"课程学习,以任务驱动学生真实探究,培养学生的观察力、思考力、应用力、自觉力和创造力。在提升优质教育理念的过程中,学生能够获得成就感、体会社会责任感,促进学生全面发展,为今后的学习产生持续的动力。

4. 文化意识

"未来教育家"课程就是要让学生们去发现教育中存在的各种问题,以己之力去寻求解决方法,为实现优质教育尽自己的一份力。同时,也旨在达成 SDGs 课程教育在理解和尊重多元文化上的教育目标(参见第 86 页)。

(二) 挑战性问题

1. 本质问题

作为学生,可以为实现可持续发展目标 4——优质教育做些什么?

2. 驱动性问题

通过比较四川大凉山航天学校的课程表和我们的课程表,你一定能发现我们两校课程的不同,从中反映了一些现实的教育问题。面对教育存在的种种问题,作为"未来教育家"的你们能做什么来解决这些问题,使我们的教育变得更完善?(Dear children, comparing the curriculum of our sister school, Sichuan Daliangshan Aerospace School, and that of ours, you may find that they are quite different. This indicates some educational issues. Faced with the problems in education, what efforts can we make to solve the problems and improve our educational system?)

(三)预期成果

1. 成果形式

(1)个人成果:了解我国存在哪些教育问题,用思维导图的方式整理罗列,呈现解决路径。

(2)团队成果:鼓励学生自己搜集资料,完成项目计划书,以不同的形式在课堂中呈现。

2. 展示方式

(1)个人成果:学生以小组为单位,完成个人成果的交流分享。

(2)团队成果:学生公开展示团队成果。

(四)预期评价

1. 过程性评价

(1)个人成果:学生以小组为单位,完成思维导图"Problems in Chinese education",并在小组内进行交流分享。与此同时,完成方案设计,评价与修改成果。学生依据项目方案支架在"我们准备怎样展示?""展示核心内容包括?""为了让效果更好,我们打算怎么做?"问题链的辅助下设计方案,并配套相应的评价量规,请学生自主评价方案与修改成果。

(2)团队成果:团队成果展示完成后,通过项目反思表"三省吾身"和观众评价反馈表"金玉良言"对学生团队成果分别进行团队自我反思和观众评价反馈。其他团队依据量规进行评价,帮助团队进一步优化成果。

(3)项目全过程:通过"团队协作能力评价表"对学生在"未来教育家"项目中的团队协作能力进行反思和评价。而对学生创造性思维和批判性思维的评价则融于项目的结果评价中。

2. 终结性评价

(1)个人成果:设计量规,对学生的项目方案设计进行评价与修改成果。分别从"宣传形式"和"宣传内容"两个维度进行学生自评和同伴互评(表2)。

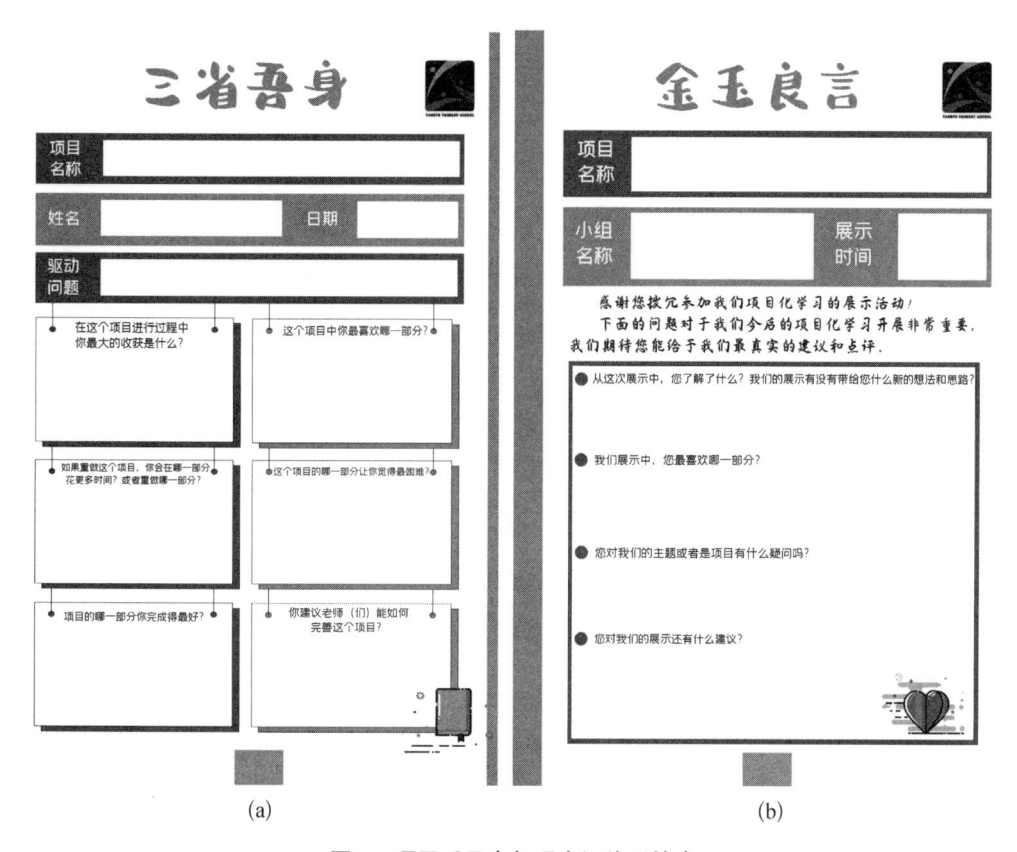

图 1　项目反思表与观众评价反馈表

表 2　项目初步成果评价表

评价维度	评价等级表述	评价等级
宣传形式	能选择合适的宣传形式,团队合作完成成果。	☆☆☆☆☆
宣传内容	能完成项目计划书,能依据宣传对象设计匹配的内容。	☆☆☆☆☆

（2）团队成果：对学生的团队成果设计量规,从"宣传形式""表达呈现"和"团队合作"三个维度出发,进行团队互评打分。每个维度具体包含1~2个评价指标,共计5个具体的评价维度。每个维度可由低到高分别进行1~3颗星的评分（表3）。

表 3　项目初步成果评级表

小组名称				①	②	③	④	⑤	⑥
评价维度	评价指标	星级		①	②	③	④	⑤	⑥
宣传形式	依据项目主题,能选择合适的宣传形式。	☆☆☆							
	呈现成果的形式丰富多彩,有吸引力。	☆☆☆							
表达呈现	汇报成果时,能清晰、流畅地介绍小组的设计思路。	☆☆☆							
	对同学提出的疑问,能够做出合理的解释。	☆☆☆							
团队合作	团队合作融洽,分工明确,每个成员有各自的任务。	☆☆☆							
总计得星									

二、项目实施

(一) 问题提出

1. 驱动性问题如何提出?

在英语课堂中,学生能够用英语来介绍每天的课表及课程,也能用英语介绍结对学校四川大凉山航天学校的课程。引导学生发现两地课程设置上的区别,以及中国其他地区在课程设置上的不同,找出其中差异。接着,教师结合实际情况,提出驱动性问题:面对教育存在的种种问题,我们作为"未来教育家",可以做出哪些努力呢?我们能做什么来解决怎样的教育问题呢?

2. 如何帮助学生理解驱动性问题?

为了帮助学生进行更深层次的思考,教师分解了驱动性问题。先是抛出问题:

全球存在哪些教育问题?
针对教育问题,我们能做些什么?

学生在查阅资料之后,发现问题,并用思维导图的方式进行罗列。从学生的思维导图,寻找驱动性问题的雏形。接着,教师提出驱动性问题:作为未来教育家,你们能做什么来解决怎样的教育问题?并让学生尝试设计项目计划书。在设计以前,教师请学生思考:

我们准备怎样展示?
展示核心内容要包括哪些?
为了让效果更好,我们打算怎么呈现?
……

基于此,学生开始分组讨论。
师生在讨论中形成了以下问题链:

子问题1:上海学生的课表与其他地区的课表一样吗?
子问题2:联合国可持续发展目标中是如何制定教育目标的?
子问题3:你觉得我们国家现在存在哪些教育方面的问题?
子问题4:作为未来教育家,你们能做什么来解决怎样的教育问题?

3. 项目过程

项目由六个阶段构成,实施过程见项目流程图(图2)。

阶段一
- 介绍上海和大凉山课表,并发现不同
- 了解可持续发展目标4——优质教育

→

阶段二
- 引入驱动性问题
- 梳理子问题

→

阶段三
- 建立项目小组
- 确定研究思路

↓

阶段六
- 成果发布
- 反思迭代

←

阶段五
- 分享成果
- 依规评价

←

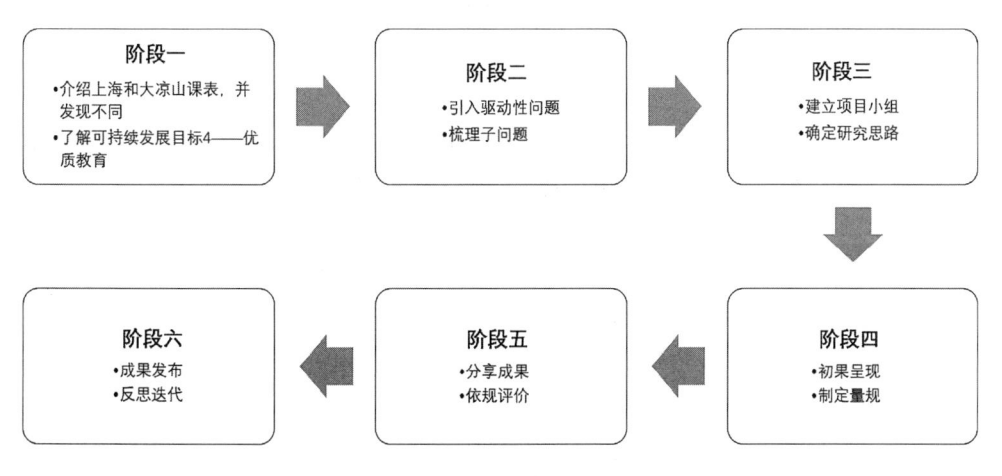

阶段四
- 初果呈现
- 制定量规

图2 项目流程图

(二) 项目探索

首先,根据学生的能力特点,将学生分为 7 组,每组 5 人。每组配备一本"未来教育家"小组项目手册,并举行了温馨的项目小组成立仪式,赋予学生满满的仪式感。在仪式中,组员们参与了小组公约的签订仪式、设计小组组标等活动,这些活动使组员明确职责,提升凝聚力。

图 3　学生签订小组公约

接着,各小组落实分工、把控进度,完成团队计划书。各小组从"团队分工""项目进度"等方面分享了团队分工情况。小组成员分工明确,成员各司其职,很好地发挥了团队协作的能力。

1. 子问题 1:上海学生的课表与其他地区的课表一样吗?

学生用英语完成"Timetable for Shanghai students(上海学生的课表)"和"Timetable for Daliangshan students(大凉山学生的课表)",并尝试用句型"This is my timetable. I have … classes every day. On Monday, I have … I like … best."来介绍自己的课表。在学生介绍完两地课表以后,尝试对比不同地区在课程设置上存在的差别。有的学生从英语学科入手,发现四川凉山州是三年级开始学习英语的,比上海学生要晚两年,并且即使到了中高年级,英语课程也并非每天都有:

We begin to have English classes from Grade One, but Daliangshan students begin to have English classes from Grade Three. And we have more

English classes.

有的学生从学制出发,发现上海是五四学制,而凉山州是六三学制:

There are five grades in our primary school, but there are six grades in theirs.

有的学生从个人爱好出发,觉得我们的课程更加丰富:

I think our coursesare more interesting.

2. 子问题2:联合国可持续发展目标中是如何制定教育目标的?

学生发现不同地区存在教育差别,初步感知到教育资源发展不均衡的问题。其实,除了我国,在国际上普遍很关注教育问题。学生在教师的引领下,通过自主查阅资料,走进联合国可持续发展目标(图4),深入了解可持续发展目标4——Quality Education(优质教育),并完成学习单。

图4 联合国可持续发展目标

3. 子问题3:你觉得我们国家现在存在哪些教育方面的问题?

基于问题,凸显思维,学生团队基于问题"我国存在哪些教育问题?"以及"针对教育问题,我们能做些什么?"查找资料、阅读文献,设计思维导图,将解决方式可视化(图6)。

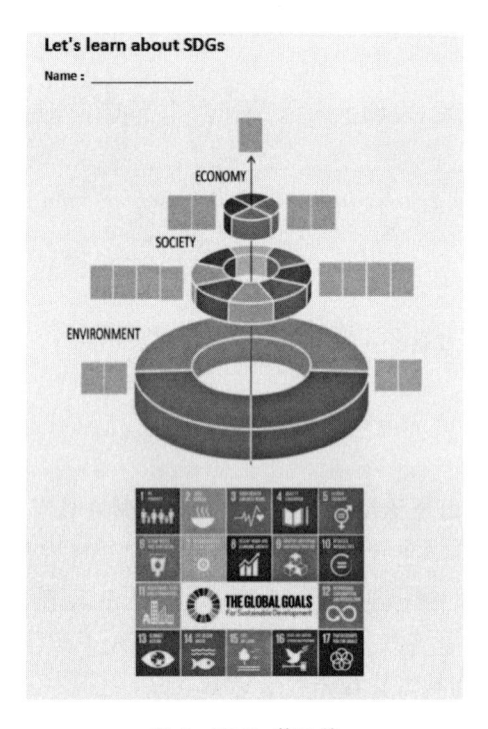

图 5　SDGs 学习单

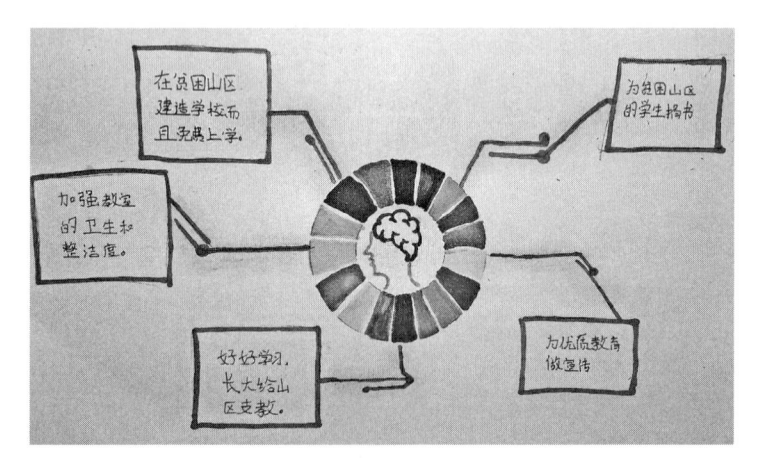

图 6　学生绘制思维导图

之后，学生以小组为单位进行展示，有序呈现各个板块，摒弃大段文字，可以看出学生信息筛选的能力。

有一个小组以"关于城乡教育均衡发展问题的探讨"为主题,探讨了城乡教育均衡发展主要存在的问题,比如,办学条件不均衡、师资力量不均衡、生源质量不均衡等,借助图片、视频等材料以报告的方式进行阐述(图7)。

(a)

(b)

图 7　学生的汇报展示 PPT 示例

(三) 成果研发

子问题 4:作为未来教育家,你们能做什么来解决怎样的教育问题?

在成果部分,学生通过一份致杨浦小学全体学生的倡议书,表达出他们查阅资

(a)

(b)

(c)

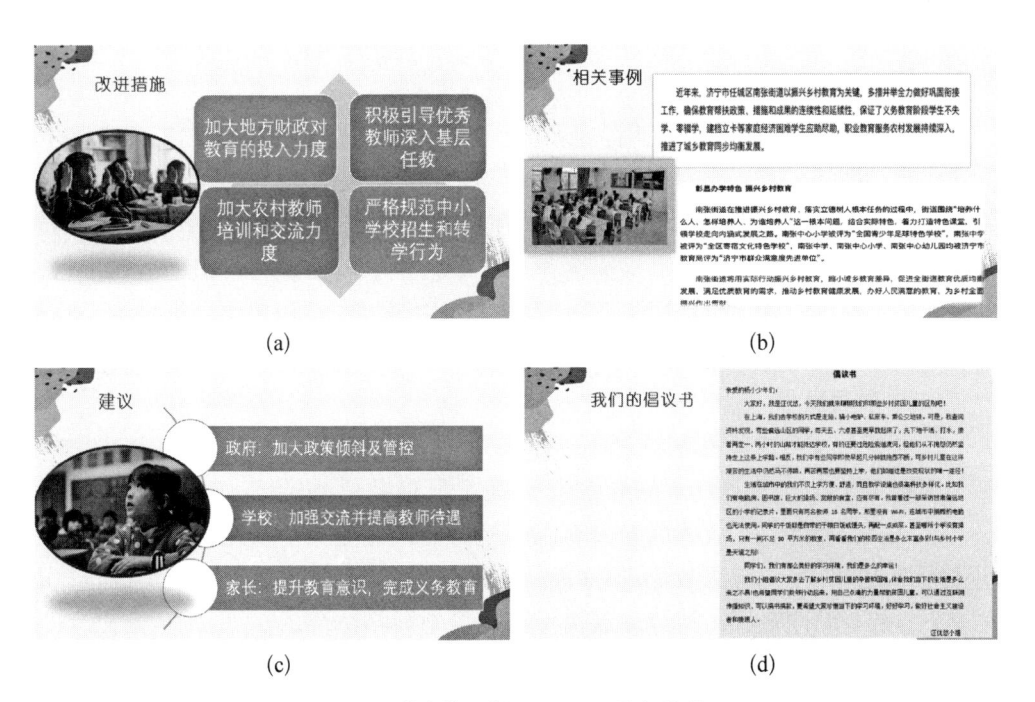

(d)

图 8　学生的汇报展示 PPT 及倡议书

料时,所看到的城乡教育发展不均衡现象,希望城市孩子珍惜当下美好的学习生活,也希望他们能做些力所能及的事,关心与帮助乡村的孩子。从团队展现的成果,我们可以看到除知识目标之外更宽广的育人目标——信息筛选、技术运用、团队协作等解决问题的综合素养。

(四)项目小结

基于对优质教育的探索,在本次"未来教育家"的项目化学习历程中,学生们发现并提出了不少教育存在的问题:城乡教育存在差距、教育资源不均衡、要强化终身教育理念等。针对这些问题,学生给出了相应的解决措施,并以不同的方式得以呈现。虽然学生年龄还小,但是他们仍旧可以自己的方式为实现联合国可持续发展目标做出自己的贡献。

在整个项目实施中,学生多数时间都在进行团队合作,好比处于一个雏形社会中,分工合作、智慧共享、权衡意见……这些都是学生无法从单一的学科知识学习中所获得的能力,也是学生面对未来不确定情境所必备的品质。学生在解决问题的过程中,对教育的未来产生了深刻的思考。

三、项目反思与展望

(一)项目优势

本项目关注学习支架的使用。整个项目过程中,教师利用元认知支架帮助引导学生组建团队、签订公约,落实分工、把控进度,基于问题,凸显思维;利用学习实践支架帮助引导学生提炼思维、形成驱动性问题的雏形,设计方案、评价与修改成果,分享成果、依规评价与完善成果。学习支架给予学生独立探索和思考的平台,为学生展示思维过程提供可视化工具,为学生自主表达观点和想法提供舞台,从而成功外显其内隐的思维过程。

(二)项目反思

1. 拓宽学生的国际视野

伴随着经济全球化的深入发展,全球竞争日趋激烈、国际合作日趋紧密。英语,作为语言交际的工具,为培养具有国际视野的人才提供了基础,发挥了其他学科不可替代的作用。英语教师,除了教会孩子说语言,更要培养学生使用语言,用语言看世界。将联合国可持续发展目标与英语学科相结合,让学生在学习语言的同时,培养学生的国际化视野。"未来教育家"让孩子跳出学生的身份,用批判性思维思考问题,用创造性思维解决问题。

2. 提升学生的全球公民意识

SDGs 课程教育的目标是为了培养兼具理解和尊重多元生命文化和发展的知识，脚踏实地解决问题的综合能力，胸怀天下的主人翁态度，包容多元的批判性思维，以及愿意和具备躬身实践可持续发展理论的个体行动者。在此项目结项时，有学生提出了老年教育也可以成为"未来教育家"的下一个项目：我们在上网课的时候，爸爸妈妈忙于工作，但是家中老人又不会操作电子设备，我们十分有义务为老年人开设课程，为实现可持续发展目标 4 助力。这说明，孩子已经逐渐形成了全球公民意识，在未来的教学过程中，也会注意提升学生的公民意识。

运动社团招新(Sports Clubs)

张余珏

"运动社团招新(Sports Clubs)"是基于《英语(牛津上海版)》四年级第二学期第二模块的第一单元(简称"4BM2U1")"Sports(体育运动)"这一主题设计的项目。这一项目隶属"启行:面向未来"项目主题模块中的"穿越文明"子项目群。

在本单元教材中,学生通过学习五个语篇,在谈论运动社团的语境中,掌握和应用常见体育项目的名称,熟练运用一般现在时,能使用"Would you like to ...?""Let's ..."等句型向同学提出参加运动的邀请。

基于教材内体育运动这一主题,实施"运动社团招新"项目,引发学生对体育锻炼及学校体育社团的思考,鼓励学生与好友一同参加体育运动,倡导积极健康生活方式。

本项目历经4课时,项目各阶段课时安排如表1所示。

表1 项目各阶段课时安排

项 目 阶 段	课 时 安 排
问题提出	0.5课时
项目探索	1.5课时
成果研发	1课时
项目小结	1课时

一、项目设计

(一) 项目目标

1. 语言能力

(1) 能在讨论不同运动的语境中,正确运用 play football(踢足球)、play table

tennis(打乒乓球)、play volleyball(打排球)、play badminton(打羽毛球)、play basketball(打篮球)等球类运动短语。

(2) 能在谈论海报的语境中,正确运用核心句型"— Does ... like (doing)? —Yes, ... does. / No, ... doesn't. (——……喜欢(做某事)吗? —是的,……喜欢。/不,……不喜欢。)"进行问答。

(3) 能在讨论喜爱什么运动的语境中,熟练运用一般现在时介绍自己或他人喜爱的运动。

(4) 能在阅读游泳课注意事项的语境中,熟练运用一般现在时进行交流;能运用祈使句表达建议

2. 学习能力

(1) 能积极参与课堂活动,注意倾听,大胆尝试用英语进行交流。

(2) 能在学习活动中与他人合作,共同完成学习任务。

3. 思维品质

具有问题意识,能初步进行独立思考,尝试分析和概括事物的规律。尝试在网络上搜集资料,并初步具有筛选有用信息的能力。

(二) 挑战性问题

1. 本质问题

如何用一般现在时介绍?

2. 驱动性问题

为强身健体,发展学生兴趣,丰富课余生活,四年级运动联盟成立啦! 你将在联盟中组建你自己的社团,如何在校园中宣传你们的运动社团,让更多的学生了解并愿意加入社团? (To strengthen the body, develop students' interests, enrich extracurricular activities, the Sports League of Grade Four has been established! You will set up your sports club. How do you promote your sports club on campus to make more students aware of it and willing to join?)

(三) 预期成果

个人成果:调查表。团队成果:社团申请表、宣传海报。

(四) 预期评价

对于个人成果调查表进行评价,观察点为:学生能否正确使用核心语言"Do you like (doing)?"等询问并获得信息。在调查过程中,教师观察学生的语言使用情况,并最终结合调查表实际完成度进行评价。

对团队成果的海报及宣讲采取表现性评价量规进行评价。学生自行决定创造

何种成果,教师和学生在创造成果前约定海报和宣讲的评价点,如:海报中重要信息呈现清晰、图文并茂、美观吸引人等,宣讲则要求表达清晰流畅,并有媒体辅助。量规纳入以上评价维度。

二、项目实施

(一) 问题提出

《英语(牛津上海版)》4BM2U1 呈现了有关体育运动社团的内容。在上课时,教师发起讨论:你喜欢什么运动?参加了什么运动社团?许多学生都表示从未参加过运动社团,但他们非常希望能与志同道合的小伙伴一同运动、一同玩耍。其实,学校是有一些运动社团的,比如足球队、篮球队、击剑队等,但因为人数、场地等限制,只有少数学生能够参与。再者,学校运动社团的开设很大程度上由学校及教师的资源决定,在活动内容、运动项目选择上往往比较传统,很难满足大部分学生需求。因此,教师提出:你们想自己创建运动社团吗?学生很感兴趣,教师鼓励学生尝试一下,借此机会提出驱动性问题。

面对驱动性问题,学生表现出了担忧,纷纷提出问题:

我们可以组织什么运动社团?
器材怎么办?
体育老师会同意吗?
我们可以在哪里活动?什么时候活动?
可以请其他班的同学参加吗?
……

教师帮助学生分析整理后初步形成了任务链:

子任务1:社团成立啦!
子任务2:策划宣传方案
子任务3:创作运动社团宣传海报
子任务4:社团招新啦!

在此基础上,教师与学生约定最终成果展示时间,明确项目日程和安排。

(二) 项目探索

在这一阶段,学生将完成语言知识的积累,与志同道合的伙伴一起商讨,对最终成果的内容和形式形成初步规划。

1. 子任务 1:社团成立啦!

成立什么运动社团?学生联系过往学习英语的经验,提取熟悉的关于运动的词汇,如 football、basketball、ping-pong 等,但这些运动社团有些已经存在。而一些学生感兴趣的运动,他们又还未学习过相关的表达方式。更有些学生觉得这个社团也好那个想法也不错,无法确定一个目标。

基于这样的情况,教师帮助学生打开思路,查阅书籍、上网查询与运动相关的英语资料等。考虑到学生的语言水平以及网络的复杂性,教师提供了信息化资源包(图1),在资源包中为学生筛选了适合其英语水平的、学生喜爱的与运动相关的儿歌、绘本、词汇表等。学生可以先广泛地了解大家经常从事的运动项目名称,通过课本提供的调查表搜集同学成立社团的意愿,初步确定社团的运动项目。

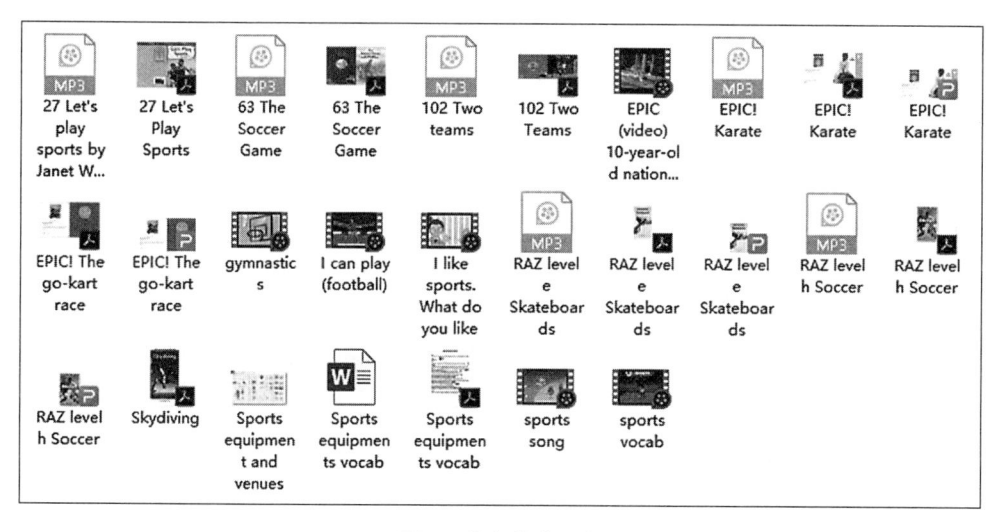

图1 信息化资源包

选择相同的运动项目的学生可自动集结为一组。有的学生有比较独特的想法,他可以选择独自完成项目,或是寻找和说服其他同学加入。完成"社团申请表"后,社团就成立了。

2. 子任务 2:策划宣传方案

在聚焦了运动项目后,项目组的成员需要决定最终的项目成果中需要展示的

Sports club application
运动社团申请表

Name of the sports club 运动社团名称		
Committee 组委会		
Slogan 口号		Logo 社团标志
Time 时间		
Place 地点		
Number of students 学生人数		
Types of promotion 推广方式	□ 海报 □ 演讲 □ _____	

图 2 运动社团申请表

内容。教师引导学生再次在已搜集的资源包中找出相关材料，有重点地阅读并在学习单的帮助下积累词汇。

在项目探索阶段的学习中，学生了解了社团海报上需要呈现的基本信息，包括社团名称、简洁的运动介绍、活动时间、活动地点及口号。基于资源包及学生搜集的资料，学生还提出应当在海报上加入需要准备的运动器材。还有的学生提出，海报是用来招募新成员以及宣传社团的，应当像广告一样有很吸引人的内容，比如抓人眼球的图片、简单明了的口号等。教师肯定了他们的想法，并提供了思维导图学习单等思维工具(图3)，帮助学生将小组讨论的成果可视化(图4)。

(三) 成果研发

子任务 3：创作运动社团宣传海报

完成资料搜集后，在思维导图的指引下，项目团队进入成果研发阶段。学生们讨论后一致认为，海报和宣讲只是不同的成果展示方式，优秀的文案是吸引同学加入的重要因素。聚焦社团品牌的建设，基于成果形成完整的展示方案是首要任务。因此，学生团队首先投入文案撰写与修改。师生共同商议文案内容的评价标准，最终学生明确了文案需包含运动社团的基本信息，主题明确，有口号或标语，逻辑清晰，文字表达要流畅。

What I find
- Books, videos, website, etc.
- Words and sentences you learn from them
- Interesting ideas in them

图 3　搜集资料时做笔记

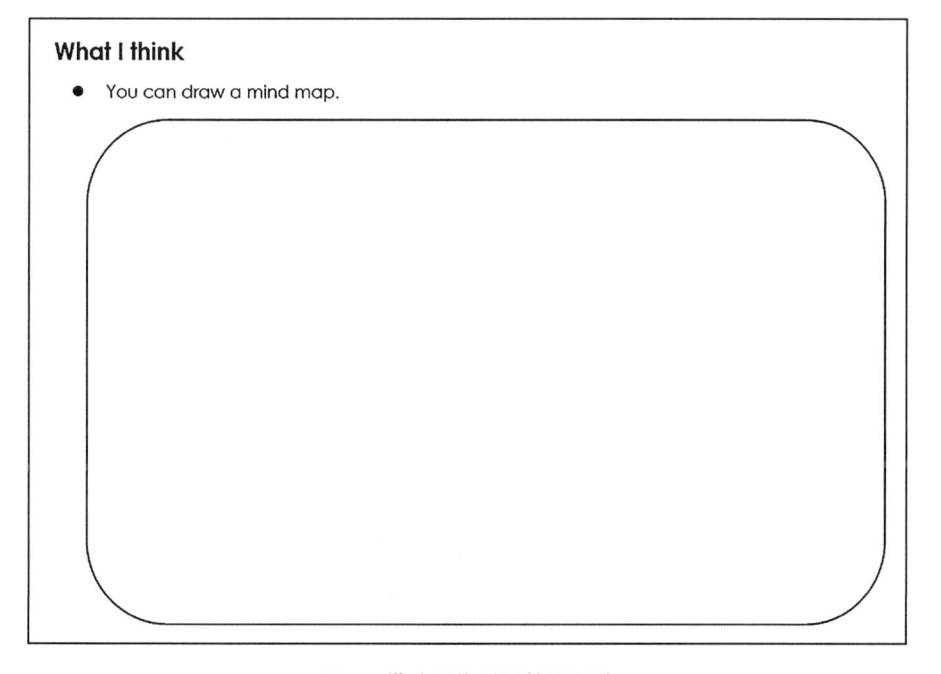

What I think
- You can draw a mind map.

图 4　借助思维导图梳理思路

为了确保最终成果中语言的准确，教师帮助学生修改文本，关注拼写、词法、句法等，并对结构和内容呈现提出意见，也鼓励学生向同学、家长展示文本内容，多渠道、多角度获得建议(图5)。

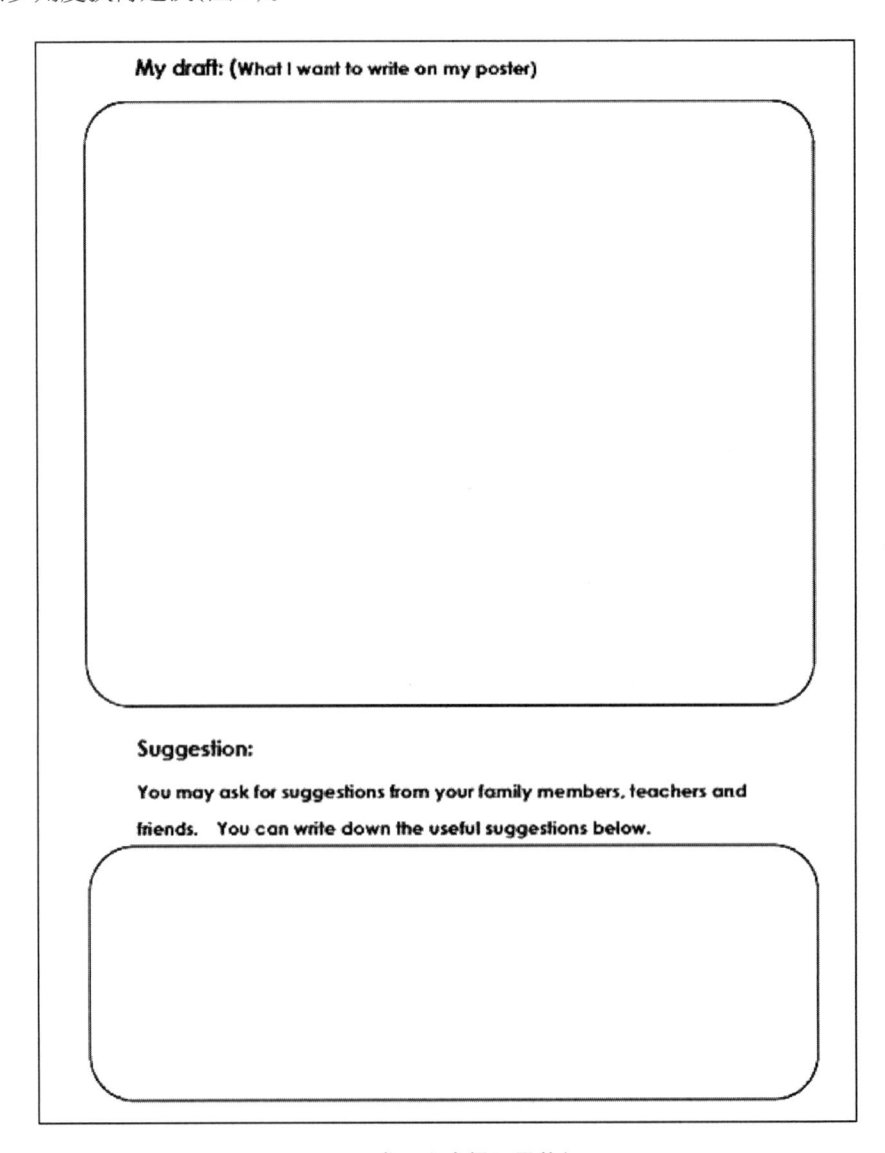

My draft: (What I want to write on my poster)

Suggestion:
You may ask for suggestions from your family members, teachers and friends. You can write down the useful suggestions below.

图 5　成果文本撰写及修订

此外，海报的版面设计也十分重要。在着手绘制海报前，项目组的成员们商定了海报美术的评价要求：排版美观，标题醒目，图片契合主题。

运动社团招新(Sports Clubs)　　　　　　　　105

据此,学生团队开始创作。

(四) 项目小结

子任务 4：社团招新啦！

学生们完成了海报的制作,将海报张贴在走廊上。英语学习公众号"LE 星球"也刊登了全部作品并开展了投票。

基于对运动社团招新这一校园真实问题的探索,全体学生参与创建了近 40 个运动社团,创作了近 40 张海报。多样的体育社团的出现说明学生结合生活和兴趣,进行了认真的思考和真实的表达。

在学生投票中可以看到有一些海报领先优势显著,获得了大家的喜爱。Skateboard Club(滑板社)(图 6)令很多同学耳目一新。滑板是近几年非常流行的运动,许多学生都感兴趣。滑板社的招募海报中还提到了根据滑板技术分为初级和进阶两个社团,能满足更多同学的需求,而且这一内容表明社团创立者对该项运动作了一定的了解。除此以外,学生们非常喜欢这张海报的排版,认为其"美观,与文字配合得很好,而且配图风格很 cool,契合运动的风格"。

图 6　学生成果——滑板社海报　　　　图 7　学生成果——羽毛球社

另一张高票海报来自 Badminton(羽毛球社)(图 7)。海报除了写明了社团活动的基本信息外,还醒目地展示了社团的口号"I exercise. I'm healthy. I'm happy.

(我运动,我健康,我快乐。)",并与时俱进地使用了扫码报名的方式。有同学留言评价"海报字迹清晰,排版美观,标语引人入胜,内容丰富多彩,二维码非常有特色,让人很喜欢。"

在本次成果展示后,在"LE星球"上发放了项目反馈问卷,收集学生对于该项目学习过程的主观评价与感受。

三、项目反思与展望

1. 基于"PEPS"模式优化教材 Project 板块

上海市现行统编教材《英语(牛津上海版)》针对每个模块(Module)都设计了一个"Project",《教学参考》中将其称作"课题"。由于该内容不在单元教学的课时内,列于教材最后,加之这一内容与应试内容联系不大,与应试形式不尽相同,往往容易被师生忽略。每个课题都给出了包含口语交际、词汇积累、写话练习等多种形式的学习活动,兼顾学生个人学习活动和同伴活动,旨在为学生提供综合运用语言知识与技能的机会,提高学生的综合语言运用能力。不难发现,这一板块的实质是创造真实语境,让学生用学术的思维去解决真实情境的问题,就像专家做课题一样,有方法有步骤地思考问题、解决问题,这与项目化学习是一致的。而且,每个模块的课题与这个模块中三个单元的学习主题中的一个或多个单元存在延续性或相关性,能很好地帮助学生更深入地体会主题意义,实现核心语言知识的迁移和运用,进而帮助落实核心素养。

四年级第二学期的第二个课题是"Sports clubs(运动社团)",与第二模块第一单元"Sports(运动)"的主题高度相关,语言内容联系紧密。课题板块提供的第一个活动是"Stick pictures and write(贴一贴,写一写)",贴一张最喜欢的运动图片并写出该项运动的名称,这一活动指向词汇的积累,是基础语言知识的构建,学生可以结合已学的知识或用本单元的新授词汇直接完成。第二个活动是"Do a survey(小调查)",要求学生使用核心句型"— Do you like …? — Yes, I do./ No, I don't."询问同学是否喜欢某项运动,填写表格并统计哪一项运动喜欢的人数最多。这是一个以练习口语为目的的任务,由于最终有统计任务,使对话任务不再局限于简单机械的语言操练,转而为学生提供了适切使用语言的情境,鼓励学生进行口语交际,学生在完成任务的过程中自然而然地掌握了核心语言。第三个活动是"Discuss and design(讨论与设计)",要求学生讨论后完成海报模板的填空。

课题中的这三个活动已经初步具有项目化学习的雏形,但亦有比较明显的缺陷,因此教师按照项目化学习"PEPS"模式在教材原有内容的基础上优化、补足项目化学习环节。

首先,课题没有经历"问题提出"阶段。缺乏驱动性问题的项目,学生的探索和成果创建都如同空中楼阁,虚无缥缈、漫无目的。因此,教师把握项目探索的主线,提出了驱动性问题(参见第99页)。

其次,课题缺乏成果展示。项目化学习的一个重要环节就是学生公开发布成果,这标志着一个学习任务的结束,是项目化学习的重要里程碑。同时,公开发布意味着学生必须对自己的成果更审慎,公开展示既是激励也是鞭策。在此项目中,除了在校园里张贴海报,教师还借英语学习公众号平台"LE星球"展示学生作品。

2. 基于学情提供资源型支架

英语学科项目化学习的一大困境就是语言的匮乏。语言是思维的外显形式,亦反过来影响思维。以本项目为例,在没有任何资源支持的情况下,大部分学生的项目成果体育社团很可能只局限于书本上出现的五项运动,只有小部分学生可以在家长的帮助下,用网络资源查询到其他体育运动以及相关信息,总体上项目成果必然趋同。既然说不清楚,那就无需多花时间去创新,这是很多学生的心理活动。没有支架,学生语言能力的发展有限。

本项目能够最终呈现百花齐放的情况,得益于教师提供的资源型支架——资源包。依照以往英语项目化学习的经验,对于很多需要探索的问题,学生并不是完全没有头绪,他们只是不知道如何用英语表达。有些学生会尝试在网上查词,但是由于小学阶段的英语学习还未涉及辨析近义词、释义选择等语言知识,学生采用的翻译会出现很多不准确、不地道的表达。而如果要搜索与项目主题相关的内容,学生更是面临海量资源,如何筛选出所需信息,对于学生的阅读能力和信息技术均提出了较高的要求。为了解决这一难题,教师预先搜集了关于运动的绘本、视频、歌曲等资源,打包与学生共享。这一资源型支架既扩充了学生的词汇量,填补其语言和思维之间的沟壑,又减少了学生搜索资源时的盲目性,同时也可以为学生提供社会资源,提高学生的理解力,促进其创新地解决问题。

博物馆奇妙夜(Night at Museums)

周　昱

本项目源自《英语(牛津上海版)》五年级第二学期第四模块的第一单元,隶属"启行:面向未来"项目主题模块中的"穿越文明"子项目群。

教材一到五年级第二学期第四模块的学习主题都是"More things to learn",在一至五年级教材中涉及动物的活动、自然现象、节日、经典故事等广泛的话题。博物馆汇聚人类历史和文明,是学生借以了解过去、把握今天、探索未来的场所。

因此,教师设计了"Night at Museums(博物馆奇妙夜)"项目,为学生提供桥梁,在这一项目中体验参观博物馆的过程,介绍其名称、馆内藏品、参观体验等,从而了解历史、科技、艺术对人们的影响,培养学生的文化意识。同时结合教材内容,遵循项目化学习的路径,适当运用信息化手段,将语言学习和内容学习有机结合。项目化学习丰富了语言学习的内容,激发学生英语学习的热情,同时加强其对人文的热爱和个人的社会责任意识,能用更开阔的视野去看待事物,拓宽思维。

本项目历经 8 课时,项目各阶段课时安排如表 1 所示。

表 1　项目进程课时安排与内容

项目阶段	课时安排	学习资源
问题提出	1 课时	我的想法
项目探索	4 课时	KWL 表 气泡图
成果研发	2 课时	The Best Idea We Have My voice
项目小结	1 课时	三省吾身 金玉良言

一、项目设计

(一) 项目目标

1. 语言能力

(1) 在介绍博物馆的语境中,理解和运用博物馆相关核心词汇,关注其音、形、义。

(2) 在描述参观不同博物馆经历的语境中,进一步学习、理解、运用核心句型"— Which museum did you want to visit? — I wanted to ...(—你想参观哪座博物馆? —我想参观……)""— What did you see in ...? — I saw ... I think ... is the most interesting one because ...(—你在……看到了什么? —我看到了……我认为……最有趣,因为……)"

(3) 能从博物馆名称、博物馆所在位置、场馆内展品、参观的体验感受等方面对一个博物馆作出适当介绍。

2. 学习能力

在整个学习过程中,需要学生不断对自己的学习任务进行监控,积极运用和主动调整英语学习策略,比如项目化学习工具的使用。拓展英语学习渠道,努力提升英语学习效率的意识和能力。在项目学习进行的过程中,学生以小组为单位,能对个体和团队的学习过程进行调控,合理规划并安排学习进度,掌握科学的学习方法,逐渐成为自我导向的学习者。

3. 思维品质

在项目开展中,通过丰富的学习策略,学生搜集、获取与博物馆有关的信息,并对信息加以分析、判断、筛选、创造,学生的思维品质在项目化学习中得到提升,学会发现问题、分析问题和解决问题。

4. 文化意识

在跨文化的背景下,带领学生参观博物馆,了解博物馆中的藏品种类及其介绍、博物馆的由来以及建造这所博物馆的原因,从而帮助学生增强家国情怀和人类命运共同体意识,提升文明素养和社会责任感。

(二) 挑战性问题

1. 本质问题

如何发展跨文化沟通与交流的能力?

2. 驱动性问题

5月18日是国际博物馆日,博物馆日的设立让更多的人了解了博物馆,更好地发挥博物馆的社会功能。众多学者也指出博物馆不仅是专家学者从事研究的场所,更是教育机构的补充设施,校外教学园地。为了获得更多的课外知识,小朋友们参观了许多博物馆,在参观过程中收获了许多。如果你是博物馆馆长,你会设计一个什么主题的博物馆,在博物馆日向全校师生展示?让大家一起学习更有趣的知识吧!(May 18th is the International Museum Day. The establishment of the International Museum Day enables more people to know about museums, which makes museums play their social functions better. Many scholars also emphasize that museums are not only places for experts and scholars to engage in research, but also supplementary facilities for educational institutions and off campus teaching parks. In order to gain more extracurricular knowledge, the children visited many museums and gained a lot during the visit. If you were the museum director, what kind of the museum would you design to show to all teachers and students on the Museum Day? Let's learn more interesting knowledge together with the help of museums!)

(三) 预期成果

1. 成果形式

(1) 个人成果:A brief introduction to a museum(介绍一座博物馆)。

(2) 团队成果:Build your own museum(设计一座主题博物馆)。

2. 展示方式

(1) 个人成果:学生以小组为单位,完成个人成果的交流分享。

(2) 团队成果:学生公开展示团队成果。

(四) 预期评价

1. 过程性评价

(1) 个人成果:学生以小组为单位,完成个人成果"A brief introduction to a museum"的交流分享。因此设计"交流反馈表(My voice)",帮助学生对团队所有成员的介绍交流进行反馈和总结。同时,为了促进学生仔细聆听团队交流内容,并认真填写反馈表,在反馈表上设计了针对填写者的自我评价和教师评价,从"任务完成度""观点原创度"和"书写整洁度"三个方面对其提出要求。

(2) 团队成果:团队成果展示完成后,通过"三省吾身"和"金玉良言"(参见第89页)对学生团队成果分别进行团队自我反思和观众评价反馈。

图 1　交流反馈表(My voice)

(3) 项目全过程评价：通过"团队协作能力评价表"对学生在"博物馆奇妙夜"项目中的团队协作能力进行反思和评价。而对学生创造性思维和批判性思维的评价则融于项目的结果评价中。

2. 终结性评价

(1) 个人成果：设计量规,对学生的个人成果进行评价。分别从介绍的"准确性(Accuracy)""流畅性(Fluency)""原创性(Originality)"三个维度进行学生自评和同伴互评。从"准确性"维度,学生使用正确的英语单词,且介绍内容不少于6句话;从"流畅性"维度,学生需要大声、自信地从博物馆名称、位置、馆内藏品、参观体验等方面,有逻辑地进行多角度描述;从"原创性"维度,学生在完成语言输出的过程中,需要有自主的思考能力,因此学生需要介绍博物馆让自己印象最深刻的地方以及原因。

Project: Museums

Introduce a museum

Class_____ Name_____

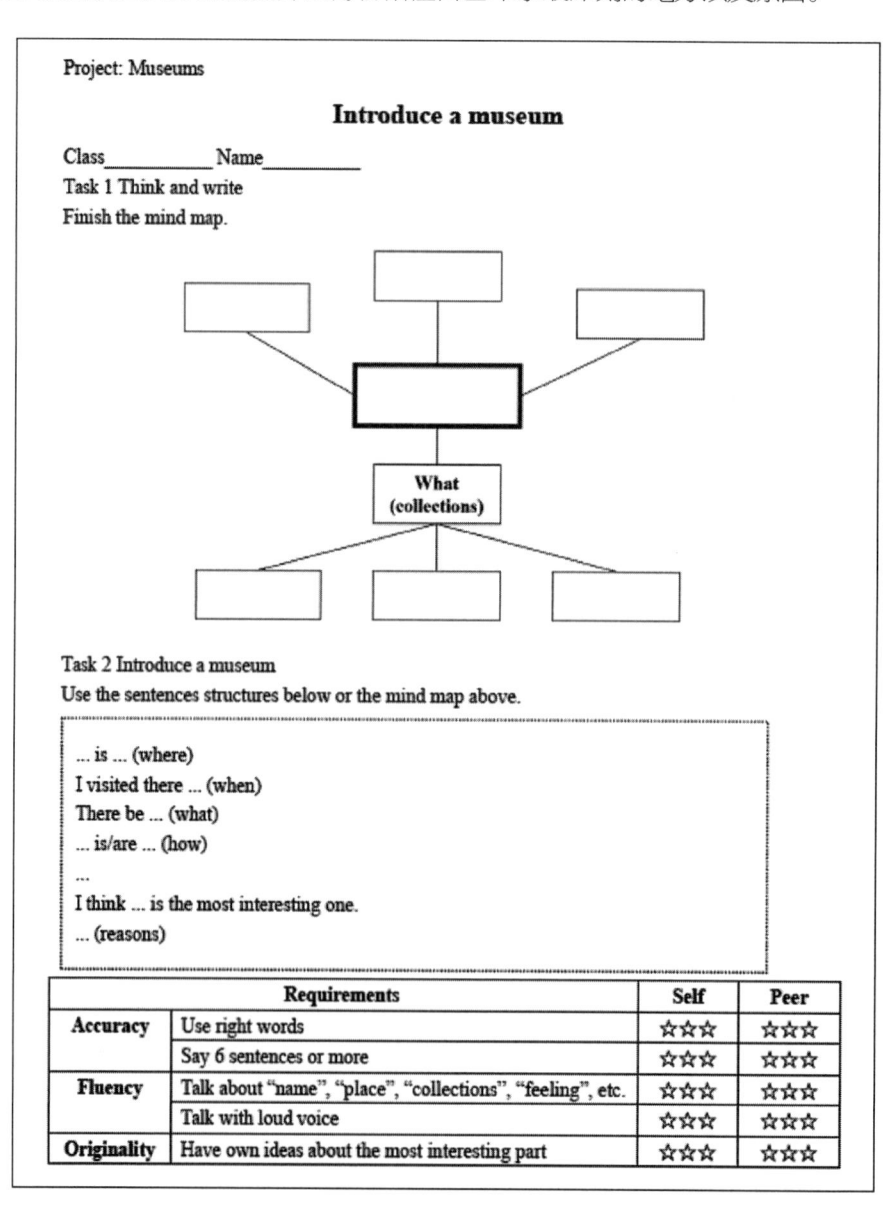

Task 1 Think and write
Finish the mind map.

Task 2 Introduce a museum
Use the sentences structures below or the mind map above.

... is ... (where)
I visited there ... (when)
There be ... (what)
... is/are ... (how)
...
I think ... is the most interesting one.
... (reasons)

	Requirements	Self	Peer
Accuracy	Use right words	☆☆☆	☆☆☆
	Say 6 sentences or more	☆☆☆	☆☆☆
Fluency	Talk about "name", "place", "collections", "feeling", etc.	☆☆☆	☆☆☆
	Talk with loud voice	☆☆☆	☆☆☆
Originality	Have own ideas about the most interesting part	☆☆☆	☆☆☆

图 2 个人成果评价单

(2) 团队成果：对学生的团队成果，从"展示效果(Presentation Effect)"和"博物馆设计(Museum Design)"两个维度出发，进行团队互评打分。其中"展示效果"具体从"介绍逻辑性""语言流畅性"和"展示创意性"三个维度出发，"博物馆设计"从"设计可行性""博物馆趣味性"和"展品意义性"三个维度出发，共计6个具体的评价维度。每个维度可由低到高分别进行1~5颗星的评分。

Project: Museum

Presentation Assessment

Class_____ Group Name_____

Please make the assessment from the following aspects.
请从以下几方面对每一组（自己小组除外）的成果展示进行评价。

Museum Name	Presentation Effect 展示效果			Museum Design 博物馆设计			Total Stars
	介绍逻辑性	语言流畅性	展示创意性	设计可行性	博物馆趣味性	展品意义性	
	☆☆☆☆☆	☆☆☆☆☆	☆☆☆☆☆	☆☆☆☆☆	☆☆☆☆☆	☆☆☆☆☆	
	☆☆☆☆☆	☆☆☆☆☆	☆☆☆☆☆	☆☆☆☆☆	☆☆☆☆☆	☆☆☆☆☆	
	☆☆☆☆☆	☆☆☆☆☆	☆☆☆☆☆	☆☆☆☆☆	☆☆☆☆☆	☆☆☆☆☆	
	☆☆☆☆☆	☆☆☆☆☆	☆☆☆☆☆	☆☆☆☆☆	☆☆☆☆☆	☆☆☆☆☆	
	☆☆☆☆☆	☆☆☆☆☆	☆☆☆☆☆	☆☆☆☆☆	☆☆☆☆☆	☆☆☆☆☆	

图3 团队成果评价单

二、项目实施

(一) 问题提出

1. 驱动性问题如何提出？

在入项活动中，教师首先请学生们以"Museums we know(我们所知的博物馆)"为话题，讨论自己知道的博物馆及其基本信息，如博物馆名称、地理位置、馆内藏品等，调动起学生对于博物馆参观的美好回忆。接着，教师结合实际情况，提出驱动性问题(参见第110页)。

2. 如何对驱动性问题进行理解并分解形成子任务链？

为了帮助学生进行更深层次的思考，教师进一步抛出问题：博物馆展示的藏品是什么？游客希望了解、参观怎样的博物馆？如何设计才能让参观者印象深刻？基于此，学生开始分组讨论。

学生汇报了初步想法后，教师请学生继续思考：设计一个主题博物馆需要什么背景知识？而完成这样一个英语项目，又需要掌握哪些英语语言知识？通过 KWL 表，学生罗列出自己已了解的知识与技能，也认真思考了自己可能需要学习的知识与掌握的技能。

随后，师生在讨论中形成了以下任务链：

子任务 1：了解主题博物馆
子任务 2：规划主题博物馆
子任务 3：创造主题博物馆
子任务 4：展示主题博物馆

3. 项目日程表

教师与学生约定了最终成果展示时间，学生借助"布局谋篇"和"日积月累"明确项目日程与安排。

(二) 项目探索

针对以上问题，学生在探究实践环节，通过对博物馆(Museums)的学习，掌握语言框架，理解介绍事物的逻辑。接着，通过对了解和参观过的博物馆(Museums we knew and visited)的回顾和进一步学习，丰富对博物馆的语言表达，扩充博物馆的知识，充实对博物馆的理解。

1. 子任务 1：了解主题博物馆

在第一节支架课程中，学生通过学习，掌握四个博物馆[科技馆(the Science Museum)、昆虫博物馆(the Insect Museum)、汽车博物馆(the Car Museum)、卢浮宫(the Louvre Museum)]的基本信息，如名称、地理位置、馆内藏品以及参观体验，能够简单描述这四个博物馆。学生初步形成介绍一个主题博物馆所需要运用到的语言知识以及语言逻辑，同时对"主题"形成一个初步的概念。课堂中，引入 KWL 表，帮助学生明确所需建构的知识与能力。

课后，学生再次利用 KWL 表，从四个博物馆出发，思考自己感兴趣且未知的内容，提出相应问题。教师收集学生 KWL 表后发现，较多同学希望进一步了解"the Science Museum"，提出了不少有趣的问题，如"What can the robots do?""How can robots help with our life?"（图 4）。

博物馆奇妙夜(Night at Museums)　　115

表 2　课堂教师引导下的 KWL 表

Topic: Museums		
Know	Want to know	Learned
Museums	Where are the museums? What can we see in the museums? What can we learn in the museums?	the Science Museum in Shanghai many different halls (the World of Robots) learn a lot about science　　the Insect Museum in Shanghai many insects (beautiful butterflies and ugly bugs) the Car Museum in Shanghai (on Boyuan Road) different cars (old cars and new cars) learn a lot about cars　　the Louvre Museum in Paris Many interesting things. thousands of paintings (the Mona Lisa) learn about human history and many different cultures

Topic: the Science Museum			
Know		Want to know	Learned
the Science Museum in Shanghai many different halls (the World of Robots) learn a lot about science the Car Museum in Shanghai (on Boyuan Road) different cars (old cars and new cars) learn a lot about cars	the Insect Museum in Shanghai many insects (beautiful butterflies and ugly bugs) learn a lot about insects the Louvre Museum in Paris Many interesting things, thousands of paintings (the Mona Lisa) learn about human history and many different cultures	1. How many robots can we see in the Science Museum? 2. What kind of robots are they? 3. What can the robots do? 4. How can they help with our life?	

图 4　学生通过 KWL 表提问示例

　　结合学生需求以及英语表达能力,教师针对性地设计了以"the Science Museum"为主题的第二节支架课程。在此过程中,学生归纳出介绍的关键词,从 Where(地点)、How(出行方式)、What collection(展品)、What activities(功能)等方面介绍博物馆。

```
                    ┌──────┐
                    │ How  │
          ┌───────┐ └──────┘ ┌───────┐
          │ Where │          │  How  │
          └───────┘          └───────┘
                  ╲    │    ╱
                  ┌─────────────┐
                  │ The Science │
                  │   Museum    │
                  └─────────────┘
                         │
                  ┌─────────────┐
                  │    What     │
                  │ (collections)│
                  └─────────────┘
                  ╱      │      ╲
              ┌───┐   ┌───┐   ┌───┐
              └───┘   └───┘   └───┘
              ┌───┐           ┌───┐
              └───┘           └───┘
```

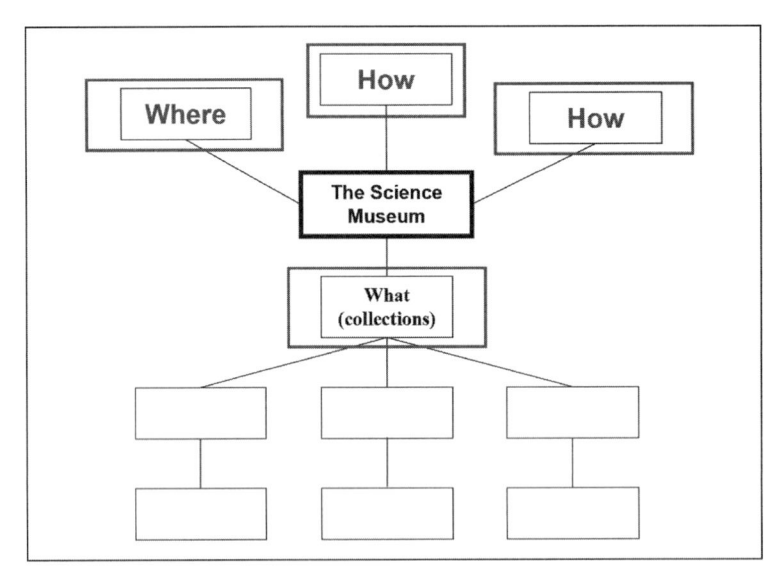

图 5　博物馆介绍思维支架

学生初步形成对博物馆的介绍逻辑后,再次运用 KWL 表对其他三个博物馆进行深入探索,通过自主学习的方式,了解更多相关知识,回应此前提出的疑问。

学生模仿对 the Science Museum 的相关介绍,从 Where、How、What collection、What activities 等角度有逻辑地介绍 the Insect Museum、the Car Museum、the Louvre Museum。与此同时,学生从准确性、流畅度和原创性三个角度进行自评和互评。

表 3　博物馆介绍评价量表

Requirements		Self	Peer
Accuracy	Use right words	☆☆☆	☆☆☆
	Say 6 sentences or more	☆☆☆	☆☆☆
Fluency	Talk about "name", "place", "collections", "feeling", etc.	☆☆☆	☆☆☆
	Talk with loud voice	☆☆☆	☆☆☆
Originality	Have own ideas about the most interesting part	☆☆☆	☆☆☆

学生分组进行个人成果交流分享。在交流过程中,每位学生需要完成"交流反馈表(My voice)",旨在记录学生的声音,帮助学生进行反馈和总结(图6)。交流结束后,学生就博物馆相关知识进行讨论和总结,团队讨论、归纳出博物馆的共同点和共同特征,为此后设计博物馆提供参考和借鉴。

Requirements	Self	Teacher
Complete all the tasks	★★★	★★★
Have original ideas	★★★	★★★
Write neatly	★★★	★★★

Project: Museums

My voice

Class 五(4)　Name Grace
Group member Melody, Yoyo, Grace, Michael, Terence, Zoro

1. According to the introduction, which museum do you like best? Why?

> I like the Louvre Museum because it's a great art museum and I can learn a lot about human history and many different cultures.

2. Who made the best introduction? Why?

> I think Michael made the best introduction. Because he made the introduction fluently and he was very confident.

3. To each introduction, please give your suggestion or raise the questions.

Museum	Your Suggestion or questions
The Car Museum	Be more confident.
The Insect Museum	Q: Can we buy souvenirs in the museum?
The Science Museum	Try to introduce one aspect more detailedly.
The Louvre Museum	Q: Besides the paintings, what else can we see in it?

4. Discuss in your group. Find something in common in these museums.

> All of them introduce:
> ① Where (location)
> ② What (theme)
> ③ How (feature)
> ④ What (collections)
> ⑤ How (feeling)
>
> The museums have their own themes. There are many collections in the museums. People visit the museums as a kind of relaxing and they can also learn a lot at the same time. Museums can be another place like school that teaches people.

图6　学生交流反馈表(My voice)

2. 子任务 2：规划主题博物馆

在子任务 2 中，学生通过小组讨论，初步规划主题博物馆，如确定主题、展品类别等，同时学生还需思考在展示日当天，以何种形式向全校师生介绍并展示自己设计的主题博物馆。

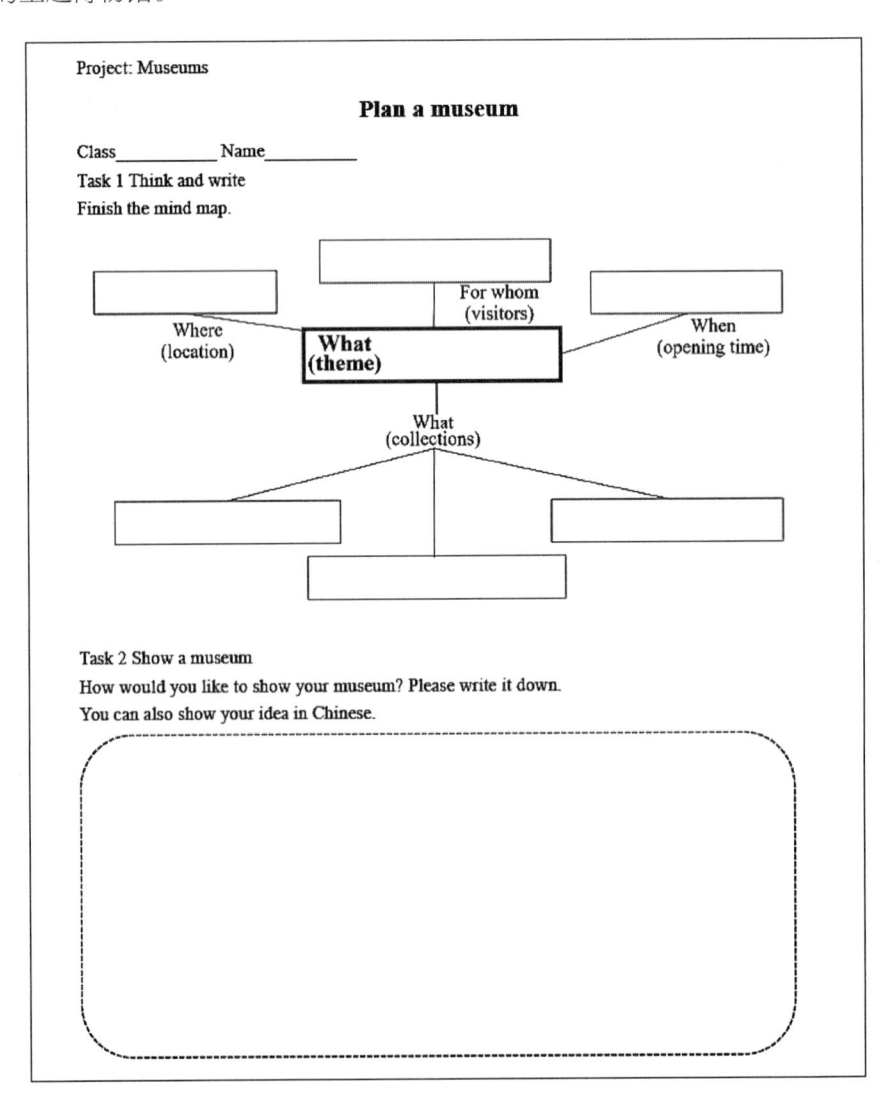

```
Project: Museums
                    Plan a museum
Class_____ Name_____
Task 1 Think and write
Finish the mind map.

                    For whom
                    (visitors)
        Where                        When
        (location)    What           (opening time)
                     (theme)
                       |
                     What
                  (collections)


Task 2 Show a museum
How would you like to show your museum? Please write it down.
You can also show your idea in Chinese.
```

图 7　主题博物馆规划设计单

学生掌握基本的语言框架和介绍逻辑后，为进一步探索更多的博物馆，以"Museum I visited"为话题，深入了解自己参观过的博物馆。学生结合自身经历和感受,提出了一些他们想了解或参观过的博物馆,以上海的博物馆为主,如上海市历史博物馆、中华艺术宫,还包括新近成立的小众博物馆以及一些展览,如上海书展、"遇见梵高"等。

表4 Museums in Shanghai 博物馆清单

类 别	博物馆/展览
行业	上海科技馆 Shanghai Science and Technology Museum 上海中国航海博物馆 China Maritime Museum 上海自然博物馆 Shanghai Natural History Museum 上海电影博物馆 Shanghai Film Museum
文物	上海市历史博物馆 Shanghai History Museum 上海世博会博物馆 Shanghai World Expo Museum 上海博物馆 Shanghai Museum
非国有	上海玻璃博物馆 Shanghai Museum of Glass Park 上海工艺美术博物馆 Shanghai Museum of Arts and Crafts
限时展览	上海书展 Shanghai Book Fair 中国国际进口博览会 China International Import Expo

在此次项目中,学生多次进行团队合作。由于博物馆过多,学生无法一一探索,教师提供了合作支架:Jigsaw 的学习模式,鼓励学生通过合作的方式共同完成 Museums in Shanghai 的探索。

同时为帮助学生寻找更多有价值的信息,教师针对性地给予了相应的学生资源支架:

(1) 博物馆信息资源包。包括场馆介绍英语视频,用以了解更多博物馆相关文化和语言知识。

(2) 检索工具。对于英语水平较强,希望自主探索的同学,教师在课堂上提供学生 pad 用于检索所需的信息,并提供学生相应的英文网站。

(3) 思维支架。帮助学生确定探究思路,明确信息收集方向。

(三) 成果研发

1. 子任务3:创造主题博物馆

学生完成个人成果之后,开始准备团队成果 Build your own museum。许多团队都对于最终选择设计什么主题的博物馆、以何种形式进行展示产生了巨大的分

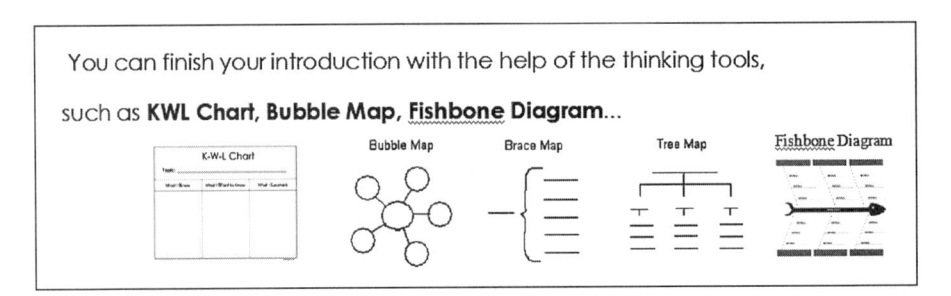

> You can finish your introduction with the help of the thinking tools, such as **KWL Chart, Bubble Map, Fishbone Diagram**...

图 8　思维支架示例

歧,团队成员各执一词,难以说服彼此,小组合作一度面临困境。

比如在决定博物馆主题时,有一个小组决定建造一座和兴趣爱好相关的博物馆,结果发现组内成员的兴趣爱好各不相同,大家都觉得自己的兴趣更适合作为博物馆的主题。

有的小组在展示形式上产生了分歧。比如有学生想要通过模型展示来向全校师生介绍自己的博物馆,而组员觉得制作模型需要耗费大量时间,可能无法在展示日当天完成。

许多小组就此讨论花费了大量的时间,却迟迟没有开始着手博物馆的创造。这使得子任务 3 的进度出现了停滞。

(a)　　　　　(b)　　　　　(c)

图 9　学生合作

因此,教师给团队提供了一份决策工具。团队需要讨论确定评价标准,根据每一项标准对不同博物馆进行排序打分。很快,各团队根据每个博物馆的总得分,选出了各自将要创造和设计的博物馆。这样的方式避免了团队矛盾,同时为学生提供了思考和决策的路径,促进学生的问题解决能力。

就展示形式,再次提醒学生注意项目日程表,做好合理的时间规划,并根据所设计的主题博物馆的特点来选择最适合的展示形式。

2. 子任务4：展示主题博物馆

每个团队选出将要设计的场馆后，就进入了设计与实施环节。结合此前归纳的博物馆特征，小组通过思维导图丰富对博物馆的设计。

博物馆设计完毕后，学生思考用什么方式呈现出自己所设计的博物馆，在博物馆日向全校师生展示所设计的主题博物馆。学生们提出了PPT展示、视频讲解、宣传册、海报等多种方案来介绍博物馆信息或描绘博物馆场景。

学生借助项目工作计划表，理清展示环节需要完成的工作，根据成果展示日期

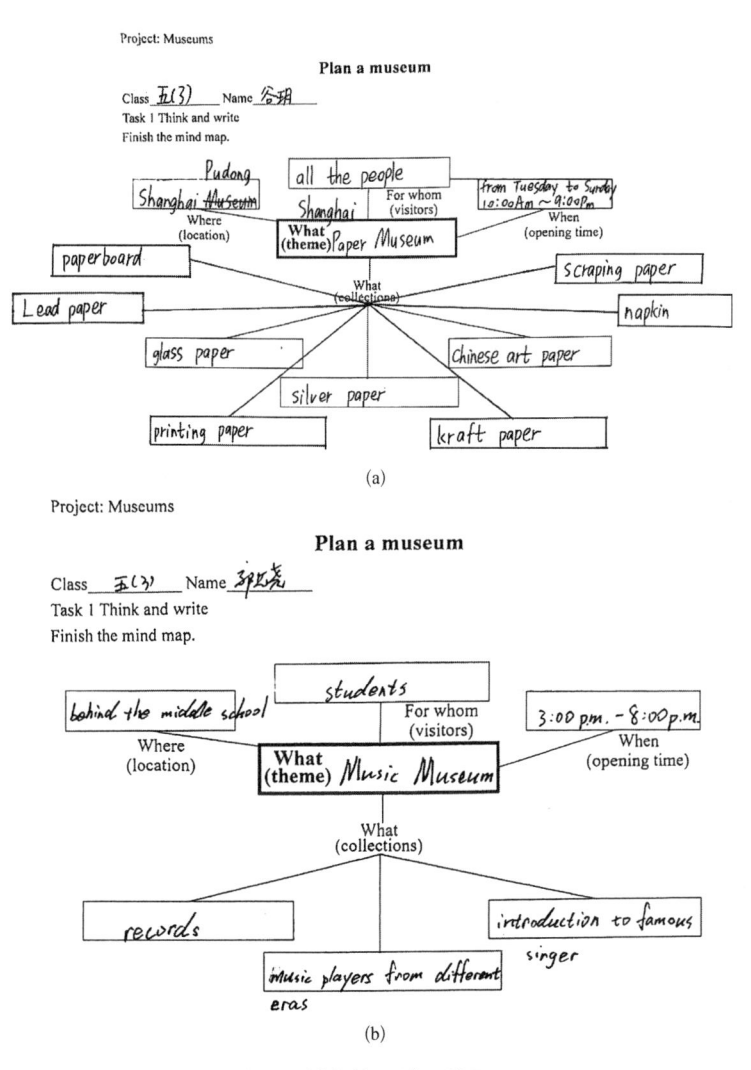

图10　博物馆设计思维导图

制订计划,并进行合理的团队分工。

(四) 项目小结

基于对博物馆内涵的探索,在本次"博物馆奇妙夜"的项目化学习过程中,学生们共设计出了 8 个风格迥异的博物馆:有的博物馆记录了学生的成长经历,如 The Growth Museum(成长博物馆)、The Homework Museum(作业博物馆);有的博物馆分享了学生的兴趣爱好,如 The Brick Museum(砖块博物馆)、The Music Museum(音乐博物馆);还有的致力于呼吁环保,如 The Paper Museum(纸张博物馆)、The Bottle Museum(瓶子博物馆)等。

作为本次项目化学习的最终呈现,博物馆馆长们需要把他们的创意变为现实——"如何吸引游客?"学生们不约而同地运用了他们在支架课中所学的博物馆介绍逻辑,从 location(地理位置)、transportation(出行交通)、time(展览时间)、collection(展品信息),甚至 activities(互动体验)等方面设计博物馆。从博物馆的设计到宣传册、宣传海报等,都能清晰地看到学生思维的顶层框架,这能促使他们在演讲时能进行有逻辑地表达。

三、项目反思与展望

对于教师而言,基于学科开展项目化学习是机遇也是挑战。传统的课堂教学中,教师是知识的传授者。而在项目化学习中,并不是不需要教师,而是教师的作用发生了变化。教师转变为学生学习的引导者、帮助者、鼓励者。教师不再是说教者,而是学生学习活动的协作者和促进者。

在项目化学习初始阶段,教师往往会有各种担心和不适应,担心学生不能完成阶段任务,不适应新的课堂模式。但随着项目实施的推进,教师逐渐适应了这种转变,放心把课堂交给学生,让他们自主探究学习。项目化学习让教师转变了课堂角色,积累了学习经验,同时为创建一个能学、善学的班级提供了可能。比如在收集资料时,学生可能面临途径单一,不知如何对信息去伪存真等问题;在设计和规划时,学生们也遇到了种种困难。这时教师从旁指导和启发,帮助学生们寻找到了解决问题的办法,让项目能够顺利进行。同时对于学生而言,下一次再遇到这样的问题和困难时,他们也会仿照这一次学习的经历,找寻到解决问题的方法。

(一) 项目优势

1. 关注核心素养的培养

《义务教育英语课程标准(2022 年版)》指出:"核心素养是课程育人价值的集中

体现,是学生通过课程学习逐步形成的适应个人终身发展和社会发展需要的正确价值观、必备品格和关键能力。英语课程要培养的学生核心素养包括语言能力、文化意识、思维品质和学习能力等方面。"因此,如今的英语学习不仅仅只是关注学生对于语言知识的习得,更重要的是核心素养的培养。

在项目化学习中,学生需要经历设计—实施—成果展示的系列过程,其间需要学生掌握相关的语言能力,形成与主题相关的文化意识,培养发现问题、解决问题的思维品质,运用不同学习策略以提升学习能力。

与传统的常规课堂相比,项目带来的挑战性和趣味性提高了学生学习的积极性,促进其主动获取对应的英语学科知识与技能,在真实情景中解决问题。在此基础上,项目给予学生更多解决问题的空间和团队探索的机会,团队协作能力、信息技术能力、决策判断能力等学科外的素养也在实践中逐渐生根发芽。

如今所倡导的核心素养其实就是"三维目标"的继承与发展,它既消除了"三维目标"的割裂化倾向,又将知识与技能、过程与方法、情感态度与价值观各自的内涵进行了"时代提升"——使之适应信息时代个人和社会发展的需要。因为核心素养是以批判性思维、创造性思维和协作性思维为核心的高级能力。

2. 关注学习支架的使用

学习支架给予学生独立探索和思考的平台,为学生展示思维过程提供可视化工具,为学生自主表达观点和想法提供舞台,从而成功外显其内隐的思维过程。在本项目中,教师根据学生的需求和知识背景,利用信息技术为学生在项目学习的各阶段搭建学习支架。

在项目启动阶段,教师为学生创设了一个真实的情境——国际博物馆日,并由此鼓励学生参观博物馆,情境来自学生的生活,目的是增强学习内容的吸引力,帮助学生获得真实感受,激发学生的学习兴趣。情境性学习支架引导学生观察、发现、思考,从中提取需要解决的问题,并制定驱动性问题。

在项目实施阶段,学生针对真实且富有挑战性的问题设计解决方案。教师提供支架课程、思维支架资源包,并根据学生的发展变化选择相应的方式方法予以帮助指导,使学生循序渐进地达成学习目标,最终促使学生解决问题。

在整个项目化学习阶段,除了完成个人学习成果以外,还需要展示团队成果,其中免不了同伴之间的合作、交流与分享。在项目初期,学生曾在团队讨论中发生过激烈的争论、产生了大量的分歧,如果教师没有及时提供帮助,极有可能会耽误项目的进行,使各阶段任务无法在相应的时间节点内完成。因此,教师也提供了交流型学习支架,如"The Best Idea We have(决策工具表)",为学生提供交流的主题和机会,指导学生交流的方法、技巧等,使学生知道如何与他人进行交流学习,认识到与他人交互协作学习的重要性。通过信息分享、观点碰撞,达到鼓励、启迪的作用,为通过方案解决问题打下基础。

贯穿整个项目化学习阶段,不管是过程还是结果,教师都为学生提供了自评或互评的方法和机会,目的是让学生明确各个阶段处于哪种状态,离目标还有多远,最终目标是否实现,从而调控小组和个人的学习进程,维持学习动机,感知学习目标,促进反思与迭代。

如果说培养学生的核心素养是项目化学习的目标,那么学习支架的使用就是达成这个目标的方法。在整个项目化学习阶段,教师提供多种不同类型的学习支架,使学生尝试从多角度观察和了解博物馆文化,并最终完成项目成果。

(二) 项目反思

1. 加强学生与真实世界的联系

教师还需要引导学生在创作中更深入地联系真实世界。小小博物馆馆长们奇思妙想不断,然而能够联系真实世界的团队还为数不多,部分成果创意有余但难以产生足够的影响力。接近出项时,师生们逐步达成了共识,即:博物馆是一个展示藏品的场馆。那么"场馆"到底设在哪里? 是在教室里? 是在自己的家里? "场馆"如果是本校的展览室呢? 可否设在居民区呢? ……教师还需要在实施过程中引发学生更"真实的思考",使他们不断接近"博物馆"的内涵,形成对于博物馆文化更深的理解,进而创造出真实的博物馆。

以本项目为例,博物馆是学生日常生活中会接触到的场所,也是经常作为课外活动或是节假日游玩的一个场所,因此学生对于这样一个项目是十分熟悉且感兴趣的。无论是完成个人成果——介绍一个博物馆,还是展示团队成果——设计一个博物馆,学生在进行语言描述的时候,其实也在学习"如何参观"博物馆,以及博物馆为大家带来的课外知识。这就帮助了学生在今后的参观过程中,学会如何参观,如何在博物馆中获取课外延伸的知识。在进行设计一座主题博物馆的团队任务时,学生也感悟出了博物馆于我们的意义。比如有团队规划了一座运动博物馆(The Sports Museum),是一座为学生和运动爱好者设计的主题博物馆。小小博物馆馆长们向游客介绍了运动的起源和发展历史,展馆中还将向大家展示各种运动设备、运动服饰、体育比赛的奖杯奖牌等。考虑到博物馆依然是面向大众的一个场馆,即使是专为"爱好者"而设计的博物馆,在展示的最后,小小博物馆馆长们还是补充了一句:"Everyone is welcomed to visit the Sports Museum."

2. 加强学生合作过程的调控

学习方式的转变并非一朝一夕之功。从个体单一的学习转变为群体合作的学习，从只关注自我到学会合作、学会交流、学会共享、学会欣赏，形成学习小组，需要一定的时间。学习小组成员间的默契合作，也需要进一步提高。比如有的学习小组在项目活动中，各小组成员能积极动脑、主动发言，遇到问题商量着办，碰到难点共同克服；而有的小组各个都想出主意，遇到分歧无法心平气和、就事论事展开讨论，低效的沟通和交流耽误了项目的开展。遇到这样的情况，教师不仅需要在日常教学中有针对性地进行学习方法指导和学习习惯的养成，更要在具体的一次次项目学习实践过程中科学指导、智慧调控。

本项目学习的小组是随机分组而成的，所以每个小组的情况各不相同，这就导致了有的小组都是乐于交流的分享派，而有的小组则是不善言辞的沉默派。包括在成果物化阶段，小组成员是否同住一个小区，是否方便课后进行碰头讨论，共约完成项目，也是教师需要考虑到的因素。

3. 加强项目与学科的融合

在项目开展初期的设想中，成果的物化随着研究的深入应该是自然而然、水到渠成，成果中饱含学生的思考和实践、创新和创造。可现实却是，学生在展示阶段，用英语将成果向大家进行介绍和展示时，遇到了困难，比如词汇量匮乏以及语言和构思之间的代沟。当学生想要介绍自己的成果时，发现仅通过教材内所提供的语言支架(词汇与句型)无法做到这一点。借助词典或是网络查词纵然可以达成这一目标，但对于观众的理解又会产生一定的困难。在项目学习过程中，涉及小组讨论时，虽然教师鼓励学生在讨论时也尽量用英语进行沟通，学生交流使用的语言还是以母语居多。当不限定语言使用时，各个小组都能展开热火朝天的讨论，迸发出许多有趣的创意。而当教师规定了语言的使用时，小组讨论往往会陷入僵局，或是每一组发言的仅仅是固定的那一两位同学，大部分学生陷入了沉默。

项目化学习的开展是为了让学生在做中学、在用中学，而不仅仅只是关注学科知识本身。但由于学生语言水平和其认知水平之间有差距，导致为了项目的开展和进行，反而忽略了英语学科本身的作用和学习。

节日创造家(Holiday Creators)

仰雯玥

本项目主题来源于《英语(牛津上海版)》五年级第二学期第四模块的第二单元(简称"5BM4U2"),隶属"启行:面向未来"项目主题模块中的"穿越文明"子项目群。

教材一到五年级第二学期第四模块的学习主题都是"More things to learn",节日这一话题贯穿了整个小学段的英语学习,如一年级第二学期有"New Year's Day(元旦)"、二年级第二学期有"Mother's Day(母亲节)"、三年级第二学期有"Children's Day(儿童节)"、四年级第二学期有"Festivals in China(中国节日)"等,其学习内容和学习要求相互关联,呈螺旋式递增。

学生在这一项目中熟悉中西方节日庆祝的方式,介绍其庆祝时间、服饰、饮食、风俗习惯等,从而了解不同文化,提高跨文化交际能力,促进跨文化交际活动的顺利进行。在文化碰撞中,激发学生英语学习热情,同时加强其对中华传统文化的热爱,继承和弘扬传统节日文化,接纳和包容新时代的节日文化。

本项目历经 8 课时,项目各阶段课时安排如表 1 所示。

表 1　项目各阶段课时安排

项 目 阶 段	课 时 安 排	学 习 资 源
问题提出	1 课时	我的想法
项目探索	4 课时	KWL 表 气泡图
成果研发	2 课时	The Best Idea We Have My voice
项目小结	1 课时	三省吾身 金玉良言

一、项目设计

(一) 项目目标

1. 语言能力

(1) 在谈论节日的语境中,理解和运用节日相关核心词汇,关注其音、形、义。

(2) 在谈论不同节日的语境中,进一步学习、理解、运用核心句型"— When's ...? — It's on ....(—……在什么时候? —它在……)""What do people/ children do on this holiday? / What do people eat on this holiday?(人们/小朋友在这个节日做些什么?/人们在这个节日吃什么?)"。

(3) 能从具体时间(精确到日期)、饮食、习俗、衣着、节日由来等方面对一节日作出适当描述,从而形成对这个节日较为完整的认识,体验节日文化,感受东西方文化的异同。

2. 学习能力

在整个学习过程中,需要学生不断对自己的学习任务进行监控,通过对项目化学习工具的使用,学生能对自己以及小组成员的学习过程进行调控,合理规划、安排学习进度,学习能力得到提升,逐步成为自我导向的学习者。

3. 思维品质

在项目开展中,通过丰富的学习策略,学生搜集、获取与节日有关的信息,并对信息加以分析、判断、筛选。因此学生的思维品质可以在项目化学习中得到提升,为今后的学习产生持续的动力。

4. 文化意识

节日代表着一个地域的生活方式、社会心理和风俗习惯。人们将自己的智慧、对自然界和社会的认识,以及对生活的期望都融入一个个独特的节日中。每一个节日都与人们的生活紧密相关,它蕴含着丰富的语言知识和情感因素,反映了一个民族的历史和文化,代表着一个地域的风土人情。借助创造一个节日这一情景,学生围绕"Holiday"这一话题进行交流和探讨,感受节日背后的文化,体会节日所蕴含的价值与意义。

在全球化背景下,带领学生熟悉中西方节日庆祝的方式,了解其庆祝时间、饮食、习俗、衣着、节日由来等,感受东西方文化的异同,提高学生的跨文化交际能力。同时,在文化碰撞中激发学生对中华传统文化的热爱,继承和弘扬传统节日文化,接纳和包容新时代的节日文化,学生的文化意识在此过程中得到激发。

（二）挑战性问题

1. 本质问题

如何实现跨文化交流和形成英语学科中的文化意识？

2. 驱动性问题

一年之中，我们会庆祝许多节日，我们能体会到庆祝节日的快乐。在本次英语活动周上，你们是否也能设计一个特殊的节日，并向大家展示你们的创意呢？在毕业前，让我们共同庆祝大家投票选出的那个最佳节日吧！（We have so much fun when we celebrate the holidays. Can you create a special holiday with your friends? How do you show the idea about your holiday to the audience? After choosing the best holiday, let's celebrate it together before you graduating!）

（三）预期成果

1. 成果形式

（1）个人成果：An introduction to a holiday in China（介绍一个在中国的节日）。

（2）团队成果：Create a holiday（创造一个节日）。

2. 展示方式

（1）个人成果：学生以小组为单位，完成个人成果的交流分享。

（2）团队成果：学生公开展示团队成果。

（四）预期评价

1. 过程性评价

（1）个人成果：学生以小组为单位，完成个人成果"An introduction to a holiday in China"的交流分享。学生需要具有一定的信息检索和归纳能力，介绍内容准备充分，能大方、流利、有逻辑地用英语详细介绍中国的某一节日，能有效回应同组成员对该节日提出的疑问。

因此，设计交流反馈表"My Voice"，帮助学生对小组所有成员的介绍交流进行反馈和总结。同时，为了促进学生仔细聆听团队交流内容，并认真填写反馈表，在反馈表上设计了针对填写者的自我评价和教师评价，从"任务完成度""观点原创度"和"书写整洁度"三个方面对其提出要求（图1）。

（2）团队成果：团队成果展示完成后，通过"三省吾身"和"金玉良言"（参见第89页）对学生团队成果分别进行团队自我反思和观众评价反馈。

（3）项目全过程：学生需要在完成团队成果的过程中实现有效的团队合作。具体做到能认真倾听同伴的发言，与同伴进行友好的沟通和交流，从而顺利商定小

节日创造家(Holiday Creators)

Requirements	Self	Teacher
Complete all the tasks	☆☆☆	☆☆☆
Have original ideas	☆☆☆	☆☆☆
Write neatly	☆☆☆	☆☆☆

Project: Holidays   My Voice

Class _____ Name _____
Group Members _____

1. According to the introduction, which holiday do you like best? Why?

2. Who made the best introduction? Why?

3. To each introduction, please give your suggestion or raise the questions.

Holiday	Your Suggestion or questions

4. Discuss in your group. Find something in common in these holidays.

图 1　个人成果交流反馈表(My Voice)

组成果的形式,合理分配任务,完成团队成果及其展示活动。

因此,通过"团队协作能力评价表"对学生在"节日创造家"项目中的团队协作能力进行反思和评价。而对学生创造性思维和批判性思维的评价则融于项目的结果评价中。

2. 终结性评价

设计量规,对学生的团队成果,从"展示效果"和"节日设计"两个角度出发,进行团队互评打分。其中"展示效果"具体从"介绍逻辑性""语言流畅性"和"展示创意性"三个维度出发,"节日设计"从"节日可行性""节日趣味性"和"节日意义性"三个维度出发,共计6个具体的评价维度。每个维度可由低到高分别进行1~5颗星的评分(图2)。

Project:Holiday **Presentation Assessment**

Class__________ Group Name____________

please make the assessment from the following aspects. 请从以下几方面对每一组(自己小组除外)的成果展示进行评价:							
Holiday Name	**Presentation Effect** **展示效果**			**Holiday Design** **节日设计**			**Total Stars**
	介绍逻辑性	语言流畅性	展示创意性	节日可行性	节日趣味性	节日意义性	
	☆☆☆☆☆	☆☆☆☆☆	☆☆☆☆☆	☆☆☆☆☆	☆☆☆☆☆	☆☆☆☆☆	
	☆☆☆☆☆	☆☆☆☆☆	☆☆☆☆☆	☆☆☆☆☆	☆☆☆☆☆	☆☆☆☆☆	
	☆☆☆☆☆	☆☆☆☆☆	☆☆☆☆☆	☆☆☆☆☆	☆☆☆☆☆	☆☆☆☆☆	
	☆☆☆☆☆	☆☆☆☆☆	☆☆☆☆☆	☆☆☆☆☆	☆☆☆☆☆	☆☆☆☆☆	
	☆☆☆☆☆	☆☆☆☆☆	☆☆☆☆☆	☆☆☆☆☆	☆☆☆☆☆	☆☆☆☆☆	

图2 团队成果展示评价量表

二、项目实施

(一) 问题提出

1. 驱动性问题如何提出?

在入项活动中,教师首先请学生们以"Holidays we know(我们所知的节日)"为话题,讨论自己知道的节日及其基本信息,如庆祝时间、节日活动等,调动起学生对于节日的美好回忆。接着,教师结合实际情况,提出驱动性问题(参见第128页)。

节日创造家(Holiday Creators) 131

2. 如何对驱动性问题进行理解并分解为哪些子问题?

为了帮助学生进行更深层次的思考,教师进一步抛出问题:来宾都会有谁?观众希望听到、看到怎样的介绍和展示?如何介绍才能让他们印象深刻?基于此,学生开始分组讨论。

学生汇报了初步想法后,教师请学生继续思考:设计一个节日需要什么背景知识?而完成这样一个英语项目,又需要掌握哪些英语语言知识?通过 KWL 表,学生罗列出自己已了解的知识与技能,也认真思考了自己可能需要学习的知识与掌握的技能。

对此,有不少同学提出需要深入了解已有节日,从中学习和模仿,为自己设计一个节日提供参考与借鉴。在此基础上,教师进行一定程度的引导,提出节日被人们所喜爱或许都有一定的共性,但不同地区的节日文化有所不同,五年级英语教材中涉及的西方节日(Western Holidays)是一个不错的资源,而一到四年级学习过中国节日(Chinese Holidays),也可在此前基础上进行深入了解。

五年级的学生已有多次 PBL 项目化学习的经验,因此师生在讨论中形成了以下问题链:

  子问题1:如何正确且有逻辑地介绍一个节日?
  子问题2:如何围绕主题进行更深层次的思考?
  子问题3:如何创造一个新的节日?
  子问题4:如何形成富有吸引力的节日介绍?

3. 项目日程表

在学生进一步探索并分解驱动性问题,形成基本探索路径后。教师与学生约定了最终成果展示时间,并确定每项任务的时间节点。在项目实施过程中,教师使用设计的项目化学习工具,如 KWL 图表、项目日历、实施计划表等,帮助学生制订项目计划,拟定项目进程,推动项目不断发展。

(二) 项目探索

学生在探究实践环节,通过对西方节日的学习,掌握了语言框架,理解介绍事物的逻辑。接着,通过对中国流行节日的回顾和进一步学习,丰富对节日语言表达,扩充节日的知识,充实对节日的理解。

1. 子问题1:如何正确且有逻辑地介绍一个节日?

入项前,学生对于节日的英语介绍大多停留在节日名称、大致月份和简单的活动描述。当学生回答"What holiday day do know?"这一问题时,大部分的回答诸如:I know Mid-autumn Festival. It's usually in September. We eat moon cakes.(我知道中秋节。它一般在9月。我们会吃月饼。)因此,教师借由《英语(牛津上海版)》5BM4U2的内容教学,为学生提供支架课程,帮助学生解决词汇、句型表达的问题,加强语言表达逻辑。

在语言支架课程中,学生掌握四个西方节日[万圣节(Halloween)、圣诞节(Christmas)、感恩节(Thanksgiving)、复活节(Easter)]的基本信息,能够简单描述这四个节日。课堂中,引入KWL表,帮助学生明确所需建构的知识与能力(图3)。课前学生知道(Know)一些西方节日的名称,如圣诞节、万圣节。学生想要知道(Want to know)这些西方节日的具体时间以及特定活动。通过这节支架课,学生学习到了(Learned)圣诞节、万圣节、感恩节、复活节的相关具体知识。

Topic: Holidays		
Know	Want to know	Learned
Western holidays	When are the holidays? What do people do on these holidays?	**Halloween** On the 31st of October Make jack-o'-lanterns Eat pumpkin pies and pumpkin bread Go trick-or-treating **Thanksgiving** On the fourth Thursday of November Have a family dinner Eat turkey and pumpkin pies	**Christmas** On the 25th of Christmas Decorate a Christmas tree Give presents to each other Have a family dinner **Easter** On a Sunday in March of April Go on Easter egg hunts Eat chocolate eggs

图3 课堂KWL表

课后,学生再次利用KWL表,从四个西方节日出发,思考自己感兴趣且未知的内容(Want to know),提出相应问题。教师收集学生KWL表后发现,较多同学希望进一步了解万圣节(Halloween),提出了不少有趣的问题,如"How does it come?(它是怎么来的?)""Why do children go trick-or-treating?(小朋友们为什么会玩不给糖就捣蛋?)"。

结合学生需求及英语表达能力,教师针对性地设计了以"Halloween(万圣节)"为主题的第二节支架课程。在此过程中,学生归纳出介绍的关键词,从When(时间)、Where(地点)、What food(食物)、What activities(活动)等方面介绍节日。

节日创造家(Holiday Creators)

Task 2 KWL Chart Topic: Halloween		
Know Four Western Holidays Christmas on the 25th of December decorate a Christmas tree have a family dinner give presents to each other Thanksgiving on the fourth Thursday of November eat turkey and pumpkin pies have a family dinner Halloween on the 31st of October make jack-o'-lanterns eat pumpkin pies and pumpkin bread go trick-or-treating Easter on Sunday in March or April go on Easter egg hunts eat chocolate eggs	**Want to know** 1. Why do the people make jack-o'-lanterns at Halloween? 2. Why do the people eat pumpkin pies and pumpkin bread at Halloween? 3. Why do the people go trick-or-treating at Halloween? 4. How do the people feel at Halloween?	**Learned**

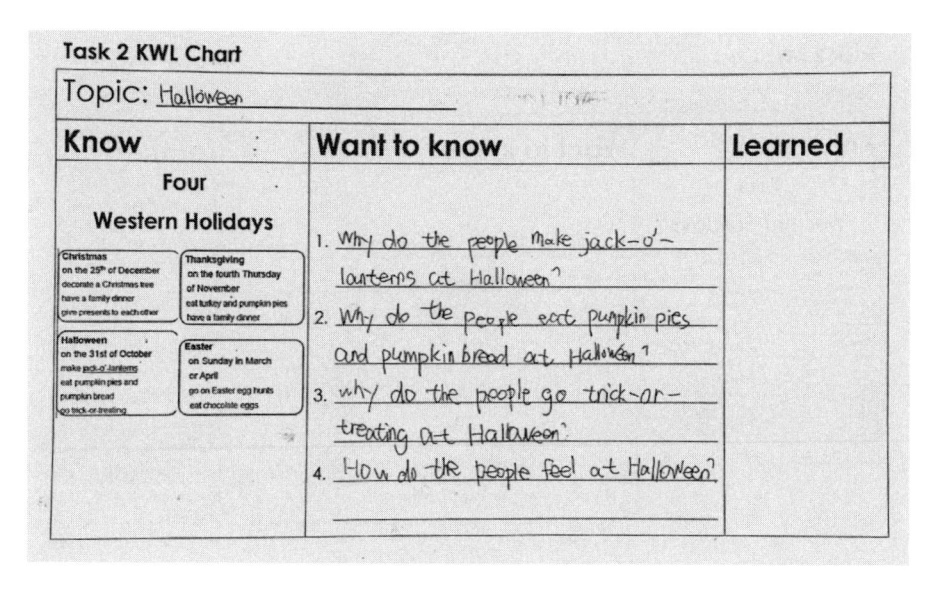

图 4 学生通过 KWL 表提问

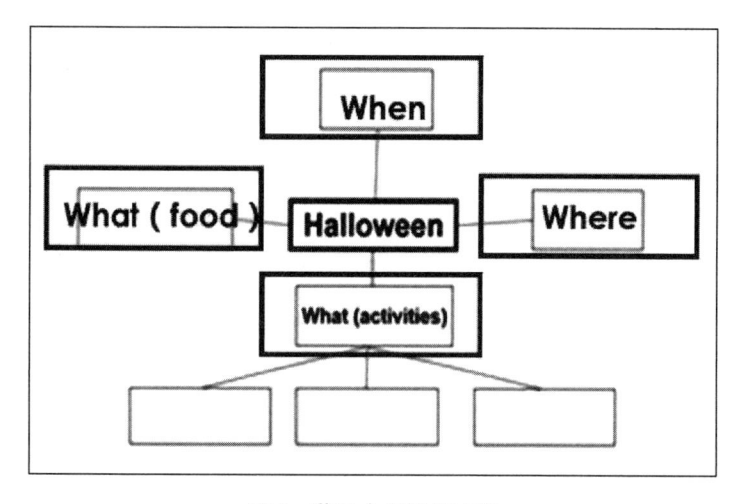

图 5 节日介绍思维支架

学生初步形成对节日的介绍逻辑后,再次运用 KWL 表对其他三个节日进行深入探索,通过自主学习的方式,查阅信息,了解更多相关知识,回应此前自己提出的疑问。

接着,学生模仿对 Halloween 的相关介绍,从 When、Where、What food、What activities 等角度有逻辑地介绍 Christmas、Thanksgiving、Easter。

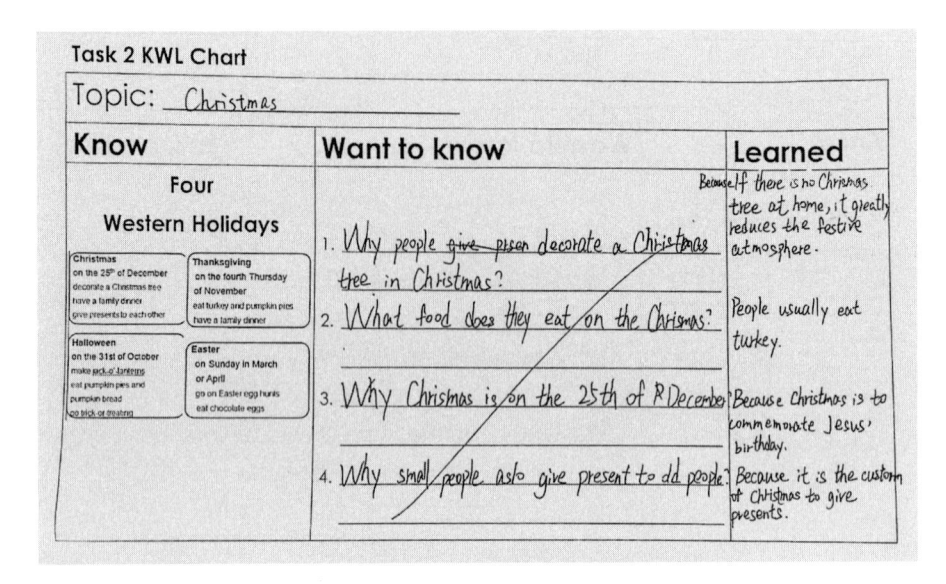

```
Task 2 KWL Chart
Topic: Christmas
```

Know	Want to know	Learned
Four Western Holidays Christmas on the 25th of December decorate a Christmas tree have a family dinner give presents to each other Thanksgiving on the fourth Thursday of November eat turkey and pumpkin pies have a family dinner Halloween on the 31st of October make jack o' lanterns eat pumpkin pies and pumpkin bread go trick or treating Easter on Sunday in March or April go on Easter egg hunts eat chocolate eggs	1. Why people give decorate a Christmas tree in Christmas? 2. What food does they eat on the Christmas? 3. Why Christmas is on the 25th of December? 4. Why small people also give present to old people?	Because If there is no Christmas tree at home, it greatly reduces the festive atmosphere. People usually eat turkey. Because Christmas is to commemorate Jesus' birthday. Because it is the custom of Christmas to give presents.

图 6　学生运用 KWL 表自主探索

在学生进行西方节日介绍时,可以借助评价量表,从介绍的"Accuracy(准确性)""Fluency(流畅性)""Originality(原创性)"进行学生自评和同伴互评(表2)。从"准确性"角度,学生使用正确的英语单词,且介绍内容不少于6句话;从"流畅性"角度,学生需要大声、自信地从节日庆祝时间、饮食、习俗等方面,有逻辑地进行多角度描述;从"原创性"角度,学生在完成语言输出的过程中,需要有自主的思考能力,因此学生需要介绍自己所认为的该节日最有趣的一点并简单阐述原因。

表 2　节日介绍评价量表

	Requirements	Self	Peer
Accuracy	Use right words	☆☆☆	☆☆☆
	Say 6 sentences or more	☆☆☆	☆☆☆
Fluency	Talk about "date", "food", "activity", etc.	☆☆☆	☆☆☆
	Talk with loud voice	☆☆☆	☆☆☆
Originality	Have own ideas about the most interesting part	☆☆☆	☆☆☆

2. 子问题2：如何围绕主题进行更深层次的思考？

学生掌握基本的语言框架和介绍逻辑后，为进一步探索更多的节日，以"Holidays in China"为话题，深入了解学生喜欢的节日。学生结合自身经历和感受，提出了一些他们想了解的节日，以中国传统节日为主，如春节、中秋节，还包括现代产生的其他节日以及国际节日，如双十一、国庆节、儿童节。

表3　Holidays in China 节日清单

类　　别	节　　日
中国传统节日	春节(Spring Festival) 中秋节(Mid-Autumn Festival) 端午节(Dragon Boat Festival) 清明节(Qing-Ming Festival) 重阳节(Double Ninth Festival) 七夕节(Qixi Festival)
国际节日	国庆节(National Day) 儿童节(Children's Day)
其他节日	双十一(Double 11)

为帮助学生寻找更多有价值的信息，教师针对性地给予了相应的学生资源支架：

（1）节日信息资源包。包括节日介绍英语视频，用以了解更多节日相关文化和语言知识。

（2）检索工具。对于英语水平较强，希望自主探索的同学，教师在课堂上提供学生平板电脑用于检索所需的信息，并提供学生相应的英文网站。

（3）思维支架。如KWL表、气泡图、鱼骨图等，帮助学生确定探究思路，明确信息收集方向。

在此次项目中，学生多次进行团队合作。由于节日过多，学生无法一一探索，教师提供了合作支架：Jigsaw 的学习模式，鼓励学生通过合作的方式共同完成"Holidays in China"的探索。

学生分组进行个人成果交流分享。在交流过程中，每位学生需要完成 My Voice"交流反馈表"，旨在记录学生的声音，帮助学生进行反馈和总结。交流结束后，学生就节日相关知识进行讨论和总结，团队讨论、归纳出节日的共同点和共同特征，为此后设计节日提供参考和借鉴。

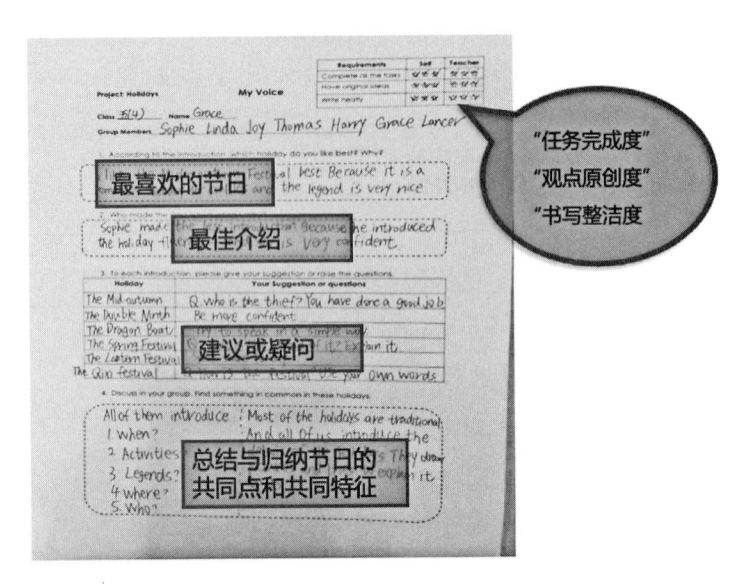

图 7　学生交流反馈表（My Voice）

（三）成果研发

1. 子问题 3：如何创造一个新的节日？

学生完成个人成果之后，开始准备团队成果。许多团队都对于最终要选择什么样的节日产生了巨大的分歧，团队成员各执一词，难以说服彼此，小组合作一度面临困境。

因此给团队提供了一份决策工具（图 8）。团队需要讨论确定评价标准，根据每一项标准对不同节日进行排序打分。很快，各团队根据每个节日的总得分，选出了各自将要创造和设计的节日。这样的方式避免了团队矛盾，同时为学生提供了思考和决策的路径，促进了学生的问题解决能力。

2. 子问题 4：如何形成富有吸引力的节日介绍？

每个团队选出将要设计的节日后，就进入了设计与实施环节。结合此前归纳的节日特征，有些小组通过思维导图丰富对节日的设计（图 9）。

节日设计完毕后，学生思考用什么方式呈现出自己所设计的节日，从而打动观众，吸引他们共同庆祝自创的节日。学生们提出了 PPT 展示、视频、情景剧、漫画等多种方案来介绍节日信息或描绘节日场景。

节日创造家(Holiday Creators)   137

Project:Holidays   **The Best Idea We Have**

Class 五(2)

Group Name ~~Douday, Lancy~~ Amazing 小Ph

The holidays we want to celebrate...

Holiday 1 _Giving Day_   Holiday 2 _No Homework Day_

Holiday 3 _Traveling Day_   Holiday 4 _Cosplay Day_

Holiday 5 _~~Jock~~ Joking Day_

We have so many ideas. Which one is the best?

大家都有各自喜欢的节日，怎样在这么多选择中快速锁定 best holiday 呢？

Let's score them！让我们来试试下面这种方式吧！

Requirements:

1. 确定评价标准，除了已给出 2 个标准，请至少再讨论出 1 个新的评价标准。
   （标准约精细，结果可能越准确哦~）
2. 根据标准，对每一个 holiday 进行排序（根据符合程度，从大到小填入数字 5 ~ 1）。

评价标准 Criteria	Holidays				
	1	2	3	4	5
1. 可操作性 most feasible	4	3	1	2	5
2. 有意义 most meaningful	3	1	5	4	2
3. less ~~most~~ cost	4	3	2	1	5
4. most interesting	1	2	3	5	4
5. most safe	1	3	2	4	5
得分总计 Total	13	12	13	16	21

Holiday ⑤ has the highest score.

图 8　决策工具"The Best Idea We Have"

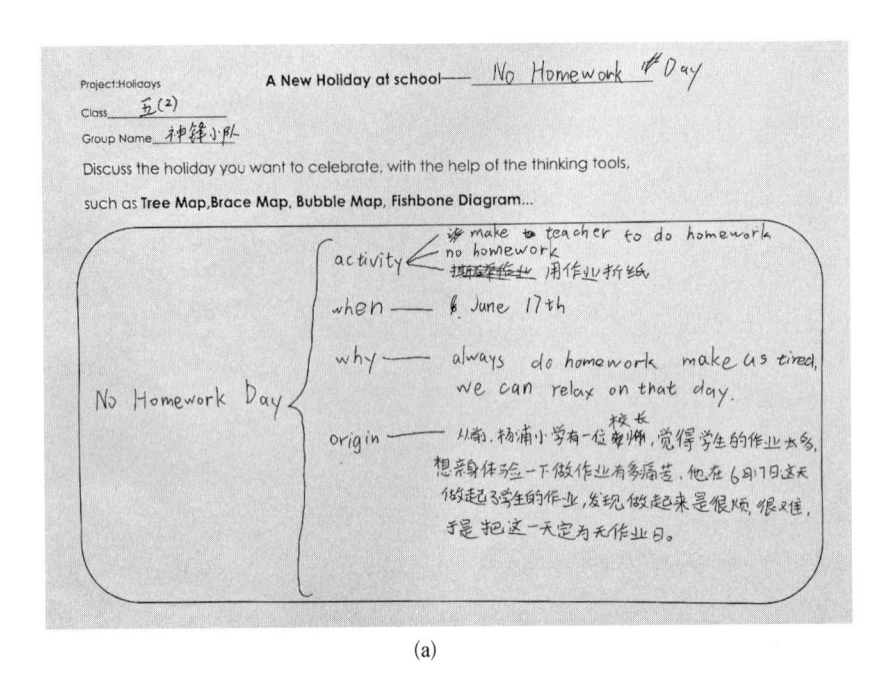

(a)

(b)

图 9　节日设计思维导图

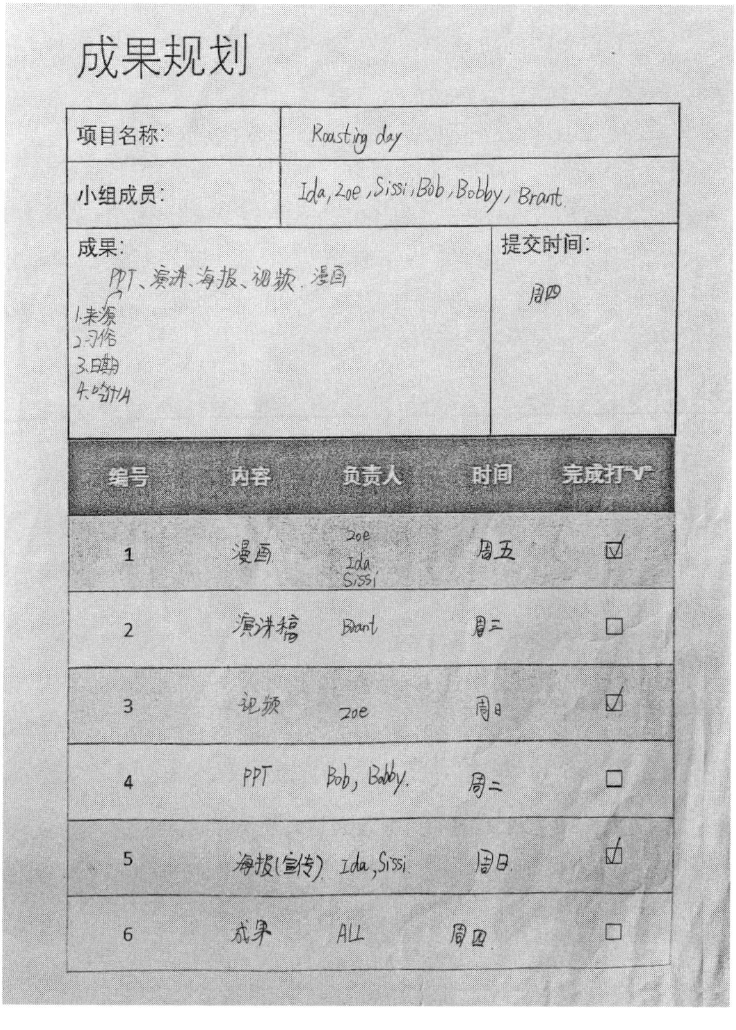
成果规划

项目名称:	Roasting day
小组成员:	Ida, Zoe, Sissi, Bob, Bobby, Brant.

成果:	提交时间:
PPT、演讲、海报、视频、漫画 1.来源 2.习俗 3.日期 4.哈HA	周四

编号	内容	负责人	时间	完成打"√"
1	漫画	Zoe Ida Sissi	周五	☑
2	演讲稿	Brant	周二	☐
3	视频	Zoe	周日	☑
4	PPT	Bob, Bobby.	周二	☐
5	海报(宣传)	Ida, Sissi	周日.	☑
6	成果	ALL	周四	☐

图 10　成果规划表

学生借助项目成果规划表,理清展示环节需要完成的工作,根据成果展示日期制订计划,并进行合理的团队分工。

(四) 项目小结

基于对节日内涵的探索,在本次"节日创造家"的项目化学习历程中,学生们共创造了 24 个风格迥异的节日:有的节日致力于保留和传承传统文化,如 Traditional Food Day(传统美食节)、Paper Day(纸节);有的节日突出特色、有趣味性的活动,考虑到孩子爱玩爱闹的天性,如 No Homework Day(无作业日)、Joking

Day(玩笑节)、Roasting Day(吐槽节)等;有的节日为具有相同立场或是共同爱好的人群服务,如 Rice Day(米饭节)、Cat Day(猫日)、Metro Day(地铁日)、Novel Day(小说节)等。

作为本次项目化学习的最终呈现,节日创造家们需要把他们的创意变为现实——"如何过节?"学生们不约而同地运用了他们在"知识与能力建构"中所学的节日介绍逻辑,从 date(日期)、place(地点)、activity(人们要做的事情)、food(传统的食物),甚至 clothes(着装要求)等方面策划节日。从节日的设计到宣传册、宣传海报等,都能清晰地看到学生思维的顶层框架,这能促使他们在演讲时进行有逻辑的表达。

图 11　学生展示成果

三、项目反思与展望

(一) 项目优势

1. 关注学生能力的发展

学生在项目化学习中,需要经历设计—实施—成果展示的系列过程,项目带来的挑战性和趣味性提高了学生学习的积极性,促进其主动获取对应的英语学科知识与技能,有效培育了英语学科素养。在此基础上,项目还给予了学生更多解决问题的空间和团队探索的机会,其团队协作能力、信息技术能力、决策判断能力等学科外的素养也在实践中获得了锻炼与提升。

2. 关注学习支架的使用

学习支架给予学生独立探索和思考的平台,为学生展示思维过程提供可视化工具,为学生自主表达观点和想法提供舞台,从而成功外显其内隐的思维过程。在本项目中,教师根据学生需求和知识背景,利用信息技术为学生搭建学习支架,提供支架课程、合作支架、思维支架资源包,帮助学生循序渐进地达成学习目标,使其尝试从多角度观察和了解节日文化。

(二) 项目反思

1. 加强学生与真实世界的联系

教师还需要引导学生在创作中更深入地联系真实世界。小小节日创造家们奇思妙想不断,然而能够联系真实世界的团队还为数不多,部分成果创意有余但难以产生足够的影响力。接近出项时,师生们逐步达成了共识,即:节日是大家的日子。那么"大家"到底是谁？是好朋友？是学校五年级学生？"大家"如果是本校所有师生呢？可否是社区居民？……教师还需要在实施过程中引发学生更"真实的思考",使他们不断接近"节日"的内涵,形成对于节日文化更深的理解,进而创造出真实的节日。

2. 深入挖掘节日的内涵与外延

这是杨浦小学学生第一次开展"Holiday Creators(节日创造家)"项目,教师在项目设计前期对节日本身的内涵探索不足,对节日价值的挖掘不深。因此在项目实施过程中,在这一方面缺乏对学生的有效引导,学生在成果设计的过程中对各自节日的内涵挖掘不够深入,所对应的外延成果价值不足。如果此项目迭代,教师需要进一步引导学生在节日的学习中树立正确的人生观和价值观,通过对中西方节日内涵的深入学习,增强其文化自信,培育其跨文化交流能力。同时,在学生进行成果设计过程中,教师可以引导学生进一步关注其所设计节日的内涵,可以通过更加具象的量规,帮助学生深入探索和有效表达节日价值,设计更具深度的项目成果。

专家点评

PBL也就是项目化学习,是一种通过让学生展开一段时期的调研、探究,致力于用创新的方法或方案解决一个复杂的问题、困难或者挑战,从而在这些真实的经历和体验中,习得新知识和获取新技能的教学方法。

项目化学习旨在培养学生的创意思维、创新能力、自主学习能力及批判思维的能力。它的主要特征有以下四项。首先,以问题为学习的起点,所有学习活动围绕问题展开。其次,以学生为中心,开展自主、合作、探究式学习。再次,学习成果是一套能解决问题的产品或方案。最后,每一个问题完成时和每个单元结束时可以进行评价。通过对项目化学习基本原理的重温,其与教育部公布的《义务教育英语课程标准(2022版)》的课程性质与课程理念的核心观点较好契合。比如,能发展英语课程核心素养,从而落实立德树人根本任务;能实践英语学习活动观,着力提高学生的学用能力;擅长课程评价体系,促进素养有效形成;还有一点,重视教学技术应用,满足学生发展需求。毫无疑问,设计并开展项目化学习,对于进一步落实新课标具有积极的意义和明显的作用。

"节日创造家"英语学科项目通过融合小学阶段英语教材中所有中西方节日的相关内容,引导学生探索中西方不同节日。在创造属于自己的节日的过程中,学会从庆祝节日的时间、服饰、饮食、风俗习惯等角度介绍一个节日,从而感受节日带给人们的意义与价值。"你是否也能设计一个特殊的节日,并向大家展示你的创意呢?"为驱动性问题,引导学生走过 Problem、Exploration、Production 和 Show 的实践历程。在 Problem(问题提出)环节,学生完成录像活动,明确驱动性问题并确定项目日程与任务。在 Exploration(项目探索)环节,学生完成知识与能力建构,利用教材资源了解西方节日,复习并回顾以往的中国节日,并进一步探索。在 Production(成果研发)环节,学生合作形成与修订成果。最后在 Show(项目小结)环节,学生完成项目展示与评估。这一过程首先体现了两位老师依据项目化学习的原理和特征,明确设计流程,聚焦课程标准,解析单元主题,挖掘本质问题,形成驱动性问题。其次,从其设计、实施、评价等重要组成部分,较为详细地呈现了如何基于驱动性问题、拆解子问题,以及每个子问题学习过程中成果的表现和阶段评价。最后是总成果的呈现,出项展示和活动后的反思与迁移等。无论是路径、过程、内容、收效等方面,都让我们感受到了项目化学习本身对于教师的教与学生的学所带来的变革与提质。

随着新课标、新教学、新教研、新评价的学习之风日盛,对于我们一线教师如何教,教什么、怎么教、教几何来说都是一种全方位的检验和挑战。如何提升我们自身的专业化水平或者专业素养是非常重要的对应策略。我认为无论是从教师实践与研究项目化学习的工作本身,还是出于每一位青年教师持续发展的需求,我们都应当从小学英语教师的专业核心能力上孜孜以求、循序渐进。而所谓的专业核心能力可能表现在以下三个方面。首先是作为小学英语教师的专业态度,它是教师每天工作的内驱力,包括对专业的认知和专业的情怀,体现出对英语教育的责任与担当。其次,是作为小学英语教师的专业知识,它是保证教育质量的关键,包含英语本体知识、教育知识和课程知识。最后是作为小学英语教师的专业能力,它是提升教育品牌的保障,包含课堂教学能力、课题研究能力、教学评价能力等。

关于"节日创造家"英语学科项目的探讨,既是一个小学英语学科在新课标核心理念支持下的学科突破,也是青年教师追求专业核心能力发展的范例。PBL 对学生而言是一种 Project Based Learning,能切实提升他们的核心素养。而对于教师而言也是 Progress by Learning,是帮助我们每一位青年教师持续发展的学习模式。

上海市教委教研室小学教研员、特级教师　祁承辉

第四篇

启新：探索自然
Wondrous World:
Exploring Nature

启新：探索自然

一、项目主题模块目标

主题模块"启新：探索自然（Wondrous World：Exploring Nature）"指向英语新课标中的"人与自然"范畴。当前，严峻的生态环境问题给人类社会带来了巨大的挑战，同时也给人类带来了极大的灾难。因此，人和自然环境的关系已经成为当今世界所关注的焦点。为了使孩子们更好地认识和了解自然，小学英语教育必须重视人与自然主题教学的建构与实施，以此做好小学生的英语课程体系，大力培养学生的环保意识，提高学生的环境意识和素质，促进他们健康成长。我们为本模块设置以下目标：

1. 针对小学生的年龄特点，把握孩子们对自然的好奇心和探索意愿，精心设计与自然相关的话题，如四季变化、动植物、气象、环保等，既涵盖了实际生活，又扩展了知识面。学生在主动观察自然环境、现象和事物的过程中，发现、探索和理解自然规律和奥秘，拓宽视野，提高素养，形成对自然的敬畏感和责任意识。

2. 激发学生学习英语的兴趣和热情，建立亲近自然的课堂氛围。借助音乐、影像、展品、实物等多种形式将自然的多姿多彩展现给孩子们，营造亲近自然的情境。同时采用多元化考核形式，如演讲、读书报告、作品展示、互动游戏等形式，更多地关注学生的语言表达能力、思考能力、创作能力及口头交流能力。

3. 引导学生爱护自然、保护环境，将生态环境问题贯穿于整个课程教学过程中。让学生通过课堂互动游戏等多种形式了解学科知识，激发学生兴趣、激发学生思考、锻炼学生分析问题和解决问题的能力，提高课堂教学效果。同时贯彻生态文明教育。

4. 鼓励学生自主发展。人与自然主题课程教学，强调沟通互动和思维创新，更注重学生从知识了解到高层次技能的获取和应用。鼓励学生自主开发和实践更具前瞻性的课题，倡导自我创新和实践，激励学生的学习兴趣和对未来的职业规划。亲近自然、保护环境，学以致用，为创造一个更加和谐、美好的生态环境贡献一份自己的力量。

"人与自然"主题教学既提高了学生的科学素养,又增强了学生的环保意识,使得学生从小就能够拥有对待自然、对待日常生活的责任感和生态意识。因此,小学英语课程要重视"人与自然"的主题教学的建构与实施,通过学科创新,构建人才培养的新模式,更好地适应当今社会的发展需求。

二、课程内容设置

"Seasonal Fun Guide(四季游乐指南)"选自《英语(牛津上海版)》三年级第二学期第三模块的第三单元。学生以"季节小导游"的身份,在综合一至三年级中对于季节这一话题的学习,合作制作一份指南,让学生更深入了解四季更替及相关自然变化的同时,思考人与自然的关系,感受大自然的美好。

"Our Zootopia(我们的动物星球)"源于《英语(牛津上海版)》二年级第二学期第二模块的第三单元。从属于"自然生态"主题群,子主题内容为"常见的动物,动物的特征与生活环境"。从学生对自然界动物的好奇与喜爱出发,鼓励学生了解动物的不同特点,设计并介绍自己创造的动物形象,将语言迁移运用到有趣味性和挑战性的问题中,鼓励学生共同建造属于自己的动物星球。

四季游乐指南(Seasonal Fun Guide)

张 雯

"Seasonal Fun Guide(四季游乐指南)"是"启行:探索自然"项目主题模块中"守护地球"子项目群中的一个项目。这一项目源于《英语(牛津上海版)》三年级第二学期第三模块的第三单元(简称"3BM3U3")。在一年级至三年级教材中都有Seasons(季节)主题的教学内容,主要涉及关于季节的词汇:spring、summer、autumn、winter、warm、hot、cool、cold,以及在不同季节进行的活动相关的词组和表达:have a picnic、plant a tree、ice-skate、ski 等,学生还学习使用句型"What season is it?""Spring/ Summer/ Autumn/ Winter is ..."进行关于季节的问答,运用句型"I like (doing) ... in/ on/ at ..."表达自己喜欢在不同季节做的事情等。不同年段、同一单元主题的学习内容和学习要求相互关联,呈螺旋式递增,然而在情感价值上,都是让学生了解和感受季节的不同特征和表达对四季和自然的爱。由此教师想到,将这些零散的知识点整合,结合学生的实际生活,在项目化学习中学习和运用相关知识。

在"四季游乐指南"项目中,学生基于自己对季节的认知,用所学的词汇和句型,写下自己最喜欢的季节,来表达对大自然的热爱。团队通过查资料、绘画、演讲等分工,制作四季小报或者四季小册子,讲述不同季节的特征和活动,感受四季的美好,并能表达自己大自然和生活的热爱。

本项目历经4课时,项目各阶段课时安排如表1所示。

表1 项目各阶段课时安排

项 目 阶 段	课 时 安 排
问题提出	1课时
项目探索	1课时
成果研发	1课时
项目小结	1课时

一、项目设计

（一）项目目标

1. 语言能力

（1）学生在思考和讨论不同季节的语境中，理解和运用 spring(春)、summer(夏)、autumn(秋)、winter(冬)、warm(温暖的)、hot(炎热的)、cool(凉爽的)、cold(寒冷的)、have a picnic(去野餐)、plant a tree(植树)、ice-skate(滑冰)、ski(滑雪)等相关核心词汇，关注其音、形、义。

（2）学生在思考和讨论不同季节的语境中，进一步学习、理解、综合运用句型"Spring/Autumn is ... (colour). It is ... (weather). I like (doing) ... in/on/at ..." "I can ..." "I have ..." "I see ..." "I feel ..."等句型，来描述四季的特点和活动。

（3）学生适当使用连词 because、so、but 等阐述自己喜欢季节的原因。

2. 学习能力

（1）学生能有条理、有逻辑地用合适的形容词准确地描述有关季节的事物，同时也是对所学知识的全方位的整合和运用。

（2）学生通过填写思维导图，从气候、颜色、景观、食物、活动等方面来介绍自己喜欢的季节，感受四季的美，和对生活和大自然的热爱。

3. 思维品质

在项目开展中，学生搜集、获取与季节有关的信息，并对信息加以思考和整合。在团队合作中，同伴间进行分工与合作，合理安排。在项目合作中，提升自己的团队合作意识，互帮互助，完成项目，提升自己的主动和学习意识，培养合作中的责任感，为今后的学习产生持续的动力。

（二）挑战性问题

1. 本质问题

人与自然如何相处？

2. 驱动性问题

英语周中，杨浦小学的卡通朋友迎来了一位来自整年都是雨季高温的所罗门群岛的朋友来参观杨小，杨小的同学们要作为东道主为他介绍中国的一年四季，让他和我们一起感受一下季节的美。

"春暖花开，夏日炎炎，秋高气爽，寒冬腊月"这一年四季，每个季节都有各自的性格，作为季节小导游，你如何为来自所罗门群岛的朋友呈现一份季节游乐指南，

四季游乐指南(Seasonal Fun Guide) 151

展示出中国四季的美?(Spring blossoms, summer sun, autumn air and winter snow. Each has its own beauty. A friend from afar is visiting our school. Can you make a seasonal fun guide so that he can enjoy the beauty of China and have a good time here?)

(三) 预期成果

1. 成果形式

(1) 个人成果:My favourite season,介绍自己最喜欢的季节,进行交流分享。

(2) 团队成果:制作季节游览小报或季节游览小册子。

2. 展示方式

(1) 个人成果:学生以小组为单位,完成个人成果的交流分享。

(2) 团队成果:学生公开展示团队成果。

(四) 预期评价

1. 过程性评价

(1) 对于学生提出的"介绍季节的哪些方面"的问题,根据语篇引导学生发散思维,进行思维导图的填写,评价学生提出的季节活动的真实性与合理性。

(2) 完成 3BM3U3 的学习后,学生通过思考,根据思维导图口头表述一个季节语篇。评价关注学生能否正确使用正确的词组和句型,进行介绍。

2. 终结性评价

(1) 个人成果:学生以小组为单位,完成个人成果"My favourite season(我最喜欢的季节)"的交流分享。在学生表述介绍季节的语篇的过程中,同组学生关注评价学生运用语法知识的准确性,内容的合理性,以及习作的书写工整和介绍的"准确性""合理性"等维度。因此设计"个人成果评价表",帮助学生对小组所有成员的介绍交流进行反馈和总结,推选优秀季节小导游。

表2 个人成果评价表

Categories Group members' name	Speak clearly. (口齿清楚。) ★	Speak excellent. (演讲出色。) ★	The content is reasonable. (内容合理。) ★	The content is informative. (内容丰富。) ★	Correct spelling and grammar. (拼写和语法正确。) ★	Draw well. (有美化。) ★	Write well. (书写端正。) ★	Total stars

续　表

Categories　　　　　　Group members' name	Speak clearly. (口齿清楚。) ★	Speak excellent. (演讲出色。) ★	The content is reasonable. (内容合理。) ★	The content is informative. (内容丰富。) ★	Correct spelling and grammar. (拼写和语法正确。) ★	Draw well. (有美化。) ★	Write well. (书写端正。) ★	Total stars

（2）团队成果：对学生的团队成果季节小报或季节小册子进行展示。从小报的设计排版和内容两个角度出发，进行评价。

表3　团队作品评价表

评　价　维　度		组名：	组名：	组名：	组名：	组名：	组名：
版面设计	版面字体漂亮。★						
	版面图画优美。★						
	版面配色和谐。★						
	版面设计独特有创意。★						
版面内容	语法搭配正确。★						
	单词拼写正确。★						

续　表

	评 价 维 度	组名：	组名：	组名：	组名：	组名：	组名：
版面内容	介绍的内容有合理性。★						
	图画与季节有关联。★						
	使用的句型丰富，至少4种句型以上。★						
	内容原创性。★						
	总星数						
其他亮点							

二、项目实施

(一) 问题提出

1. 项目背景

在入项活动中，学生对于季节活动非常感兴趣，因此教师引入"季节小导游"活动，引出驱动性问题(参见第150页)。

2. 形成问题列表

为了帮助学生学习如何对一个季节进行介绍设计了描述一个季节的思维导图。学生进行讨论，可以从哪些方面来介绍一个季节，然后填写思维导图。

子问题1：介绍一个季节，可以从哪些方面进行介绍？

子问题2：如何有条理地进行季节的介绍？

(二) 项目探索

通过在英语课中学习3BM3U3的四季主题语篇、词汇、句型，学生在介绍季节上有了核心语言的支持。

1. 子问题1：介绍一个季节，可以从哪些方面进行介绍？

在传统的课堂教学中，学生就"我最喜欢的季节"这一主题通常这样表达：Spring is green. Spring is warm. I can ride a bicycle …（春天是绿色的。春天是温暖的。我可以骑自行车……）可见，学生对于季节的介绍比较简单，句子之间缺乏逻辑联系，学生没有深入感知季节的美。

因此，教师在项目开展过程中，与学生一起用"太阳图"梳理语言表达的内容，帮助学生拓宽视角。经过头脑风暴，学生一起总结出可以从天气（weather）、颜色（colour）、景色（view）、食物饮料（food and drinks）、活动（activities）等角度描述季节。另外在该思维导图中还留有一个空白，鼓励学生继续拓展和发散思维，介绍更多季节的特点。在学生的反馈中，学生结合之前的知识积累补充了节日（festival）、植物（plants）和衣服（clothes）等。在填写思维导图的过程中，学生不仅运用了以往的知识积累，进行联想和迁移，还在这个过程中，感受到了不同季节的美，去了解大自然，热爱大自然。同时，思维导图的填写对于学生介绍一个季节也起到了纲领性的作用。通过这几方面的概括提炼，学生形成介绍季节的整体框架，季节的介绍也基本成型。

Project: Introduce your favourite season.
Task 1: Think and write.

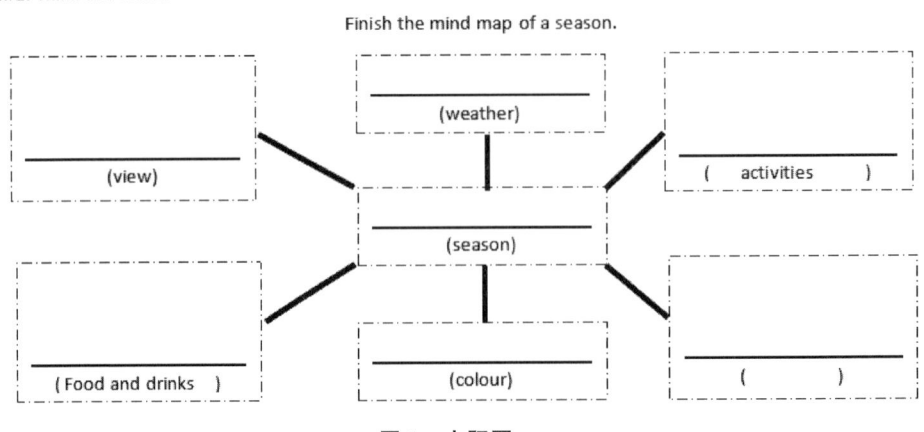

Finish the mind map of a season.

图 1　太阳图

2. 子问题 2：如何有条理地进行季节的介绍？

在教材提供的 Project(课题)中,对季节的介绍以半开放式的句型填写为主,学生填空后形成完整的介绍季节的文本,这样的设计导致学生的成果往往比较类似,缺乏创造性,他们对于季节的理解也比较浅表。

通过项目活动的引入,思维导图的填写为学生介绍季节提供了结构性的框架。加之教师通过前期授课,帮助学生巩固练习了核心句型。同时通过阅读相关主题文本,学生进一步丰富了句型和词汇的表达,有了"Spring/ Autumn is … (colour). It is … (weather). I like (doing) … in/on/at …[春天/秋天是……(颜色)。它是……(天气)。我喜欢在……(做)……]""I can …(我能……)""I have …(我有……)""I see …(我看见……)""I feel …(我感到……)"等多种句型的输入。继而在撰写文本的过程中,学生自然而然地用上了所学句型有条理地展开了介绍。学生在这一创造个人成果的过程中,逐步感受季节的美。

(三) 成果研发

学生完成个人作品后,进行小组展示,通过小组评价,来选出优秀的季节小导游。同时,通过评价量表,学生仍旧可以进一步修改自己的文章,在这一过程中他们可以请教教师或家长,不断完善文本。

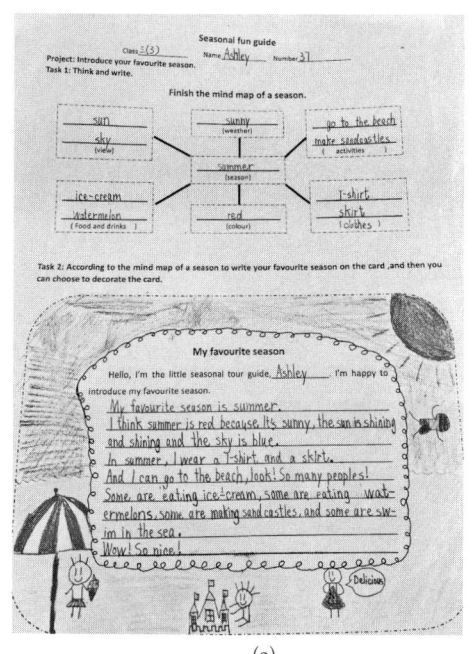

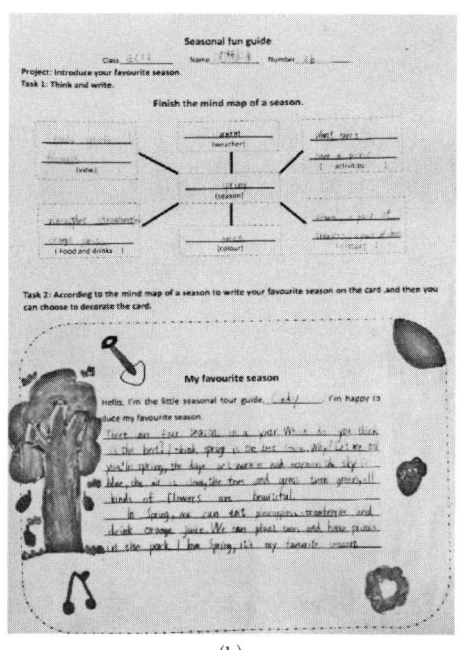

(a)　　　　　　　　(b)

(c) (d)

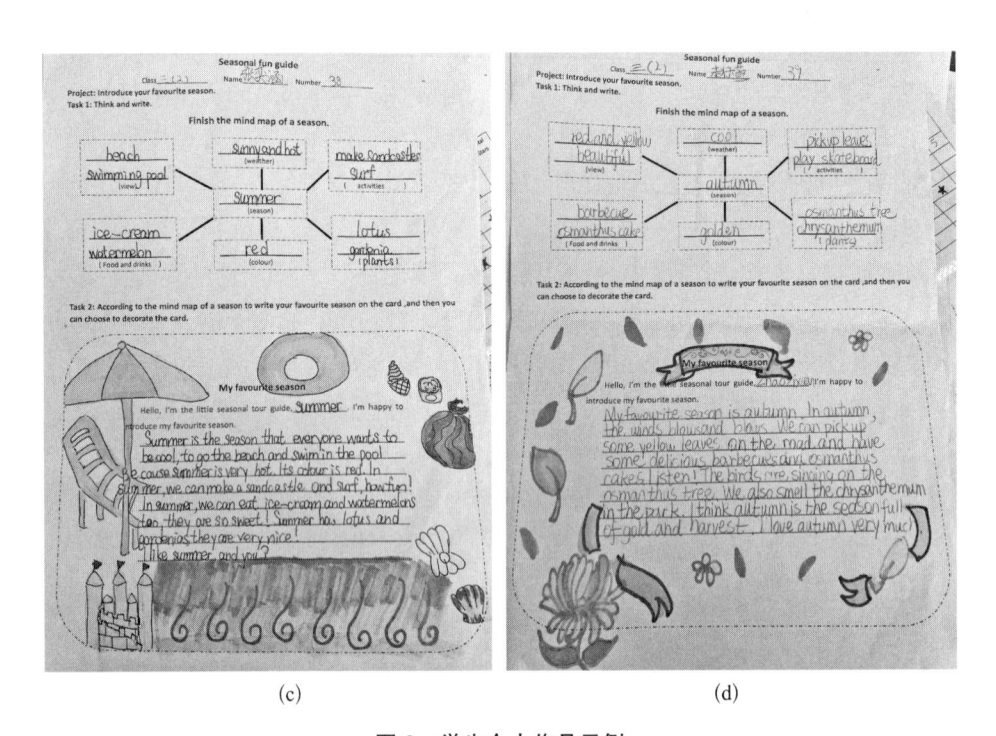

图 2　学生个人作品示例

(a)

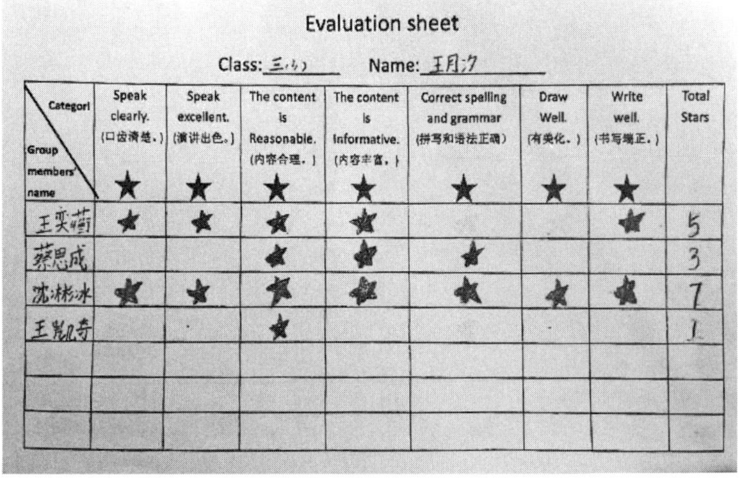
Evaluation sheet

Class: 三(4)　Name: 王月汐

Categori / Group members' name	Speak clearly. (口齿清楚。) ★	Speak excellent. (演讲出色。) ★	The content is Reasonable. (内容合理。) ★	The content is Informative. (内容丰富。) ★	Correct spelling and grammar (拼写和语法正确) ★	Draw Well. (有美化。) ★	Write well. (书写端正。) ★	Total Stars
王奕萌	★	★	★	★			★	5
蔡思成			★	★	★			3
沈淋彬冰	★	★	★	★	★	★	★	7
王凯奇			★					1

(b)

图 3　个人成果评价表示例

个人成果评价表的运用，一是激发学生的学习兴趣，学生在观摩其他同学的个人作品时热情很高。二是通过评价表的填写，学生认真地根据评价的标准去赏析他人的作品，在评价的过程中，潜移默化地取长补短，同时也对课程中的句型和语法进一步地进行巩固。

(四) 项目小结

学生借助思维导图理清思路，知道可以从哪些方面对喜爱的季节进行描写。又通过课程学习，积累了有关季节的句型和词组，结合思维导图，完成个人成果“My favourite season”，解决了子问题 2。

借助个人成果的评价表，学生对作品进行评价。基于他人的评价，学生对自己的个人作品进行了修改。最终，学生正式展示个人作品，大家选出了“季节小导游”。

对于季节小导游的演讲活动，学生的积极性特别高。在介绍我最喜欢的季节时，教师没有给学生特定的句式和顺序，也没有限制学生对写作内容的发挥。学生通过思维导图和自己的兴趣和研究，用上了学过的句型，比如：Summer is sunny and hot. Summer is red because the sun shines and shines. I like ... I can ...(夏天晴朗而炎热。夏天是红色的，因为太阳熠熠生辉。我喜欢……我能……)不用刻意提醒，学生自己就能考虑到句型的多样性，甚至用上了很多好句。有的学生还特意

(a)　　　　　　　　　　　　(b)

(c)　　　　　　　　　　　　(d)

图 4　季节小导游（部分）

查找了尚未学到的词汇,如桂花、桂花糕等,这些都是课外的收获。不仅如此,学生在习作的过程中还有意识地用到了 because、in a word、first、second 等连词,使文章的脉络更有逻辑性。学生的潜力无限,每个人都各尽其能,不仅把一个季节描述得很具体,而且也展示了自己的绘画能力。同时,每幅作品都各具特色,看得出学生对于这样的一种探究写作的活动非常感兴趣,也特别用心,所以呈现的作品质量很高。

在上述的个人作品的准备和展示的过程中,学生们已经体会到了不同季节的特点,同时,通过季节小导游的演讲,学生们表达了自己对大自然的爱。

在完成评价和修改后,学生们进行分组合作,以小组为单位,进行分工,完成团队作品。团队可以选择以季节小报或者季节小册子的形式,共同完成团队任务。团队作品完全由学生自己选择、自己讨论、自己设计、自己美化。团队合作完成的作品,作为一个"四季展览"在班级中进行展示,每位学生通过评价表,对每个小组的团队作品进行评价,选出最有季节特色的团队作品。

在此以三个小组的团队作品为例,三组采用季节小报的方式来展示四季不同的特征和活动,三组作品的创作风格不同,各具特色(图5)。

第一组的创意是以四季树为主题,再配合四季不同的颜色和活动进行美化。这组的创意非常浓厚,小组成员的分工也标识得很清楚,各司其职,极具团队合作的成果。同时,这幅作品也得到了同学们的认可,推选为优秀的季节小报之一。

第二组运用了更有趣味的组合方式,比如季节单词卡片、不同季节的颜色、气候等特征,把一年四季的不同特征进行展示,非常有创意。而且这个创意还考虑到了观众,用季节的水果单词卡片和观众互动。另一个亮点是四季树的颜色的变化,展示出植物四季更替的特色。

第三组由四位同学分工完成,把每个季节的景色和活动展示得一目了然。小组四位成员各负责一个季节,绘画、书写都各自承包,最后以一个整体的四季小报作为成果,展示在大家面前。这组作品不仅绘画版面非常漂亮,字迹也非常工整,也是大家评选出来的优秀作品。

这三组季节小报不仅体现出学生们对于季节的观察和探索,同时也展现出同学们的合作沟通能力,更表达了同学们对于四季、对于大自然的热爱。

在团队合作中,关于季节小册子的创作,学生们也各具创意,从册子的封面就可见每个团队的不同风格。每本小册子的封面设计和内容,学生们都进行了深度探讨和合作分工,每位参与的学生都非常认真地花了工夫去完成这样一本可供大家

160　通往智慧的阶梯2——小学英语项目化学习实践方略

(a)

(b)

四季游乐指南(Seasonal Fun Guide)　　161

(c)

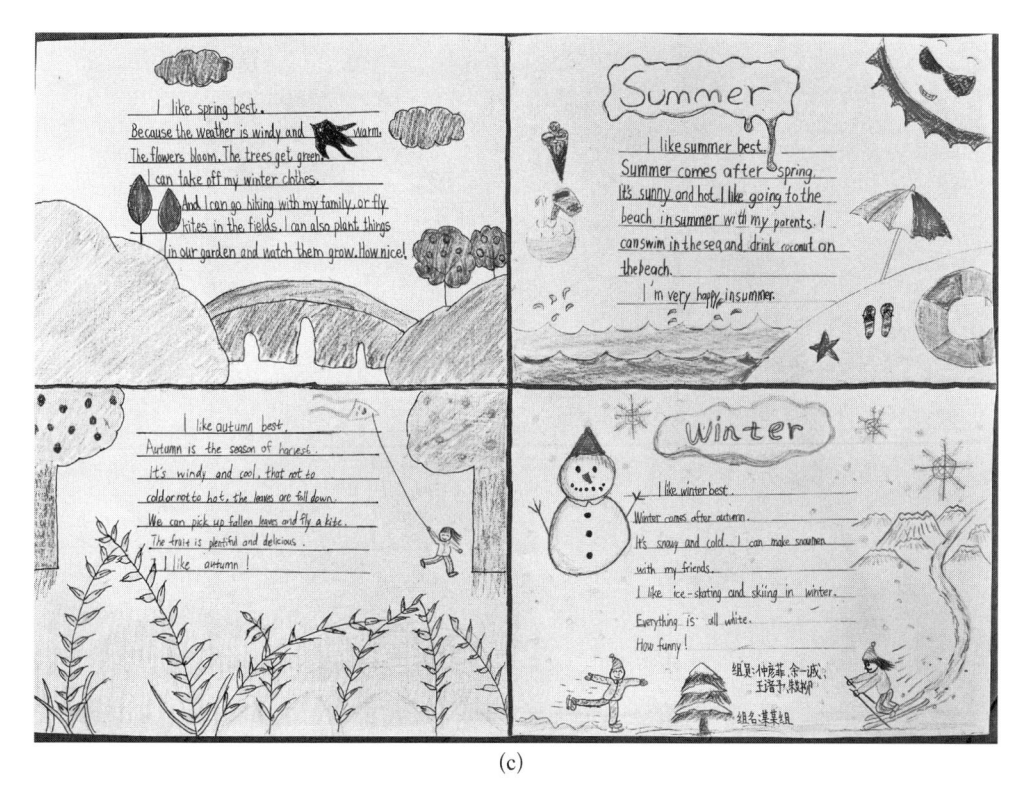

图 5　学生团队季节小报作品(部分)

领略四季之美的册子。在小册子的制作过程中,学生们不断进行讨论,加之对生活的习得,考虑到了小册子的封面、目录、前言、页码、文字、总结、插图(不仅是美化,还是与季节相关的景色或活动绘画)等方面,季节小册子不仅展示出了四季的不同特征,还体现出学生们在团队合作中的团队意识和在作品中的创意。

团队作品以"季节展览"为主题,在班级中进行展示。学生们运用团队作品评价表进行评星活动,选出自己喜欢的作品,并说说其中的亮点。在赏析的过程中,学生们不仅是与作品对话,更是对季节进行深入了解,也体现出学生们对于大自然的热爱。

从评价表的留言中不仅能看出学生对团队作品的肯定,还能看到学生对于团队作品从自己认可的维度进行客观评价,学生们对于作品的优秀之处也做出了肯定和赞赏,对活动表现出了很高的积极性。

162　通往智慧的阶梯 2——小学英语项目化学习实践方略

图 6　学生团队季节小册子作品

| 其他亮点 | 我最喜欢森林小队的作品，因为他们小组的封面独具创意，连内部的画也画得十分好。 |

(a)

| 其他亮点 | 我最喜欢森林小组，因为他们的绘画很漂亮。 |

(b)

| 其他亮点 | 我最喜欢森林小组的册子，因为它有眼，还有图画好看还颜色优美。 |

(c)

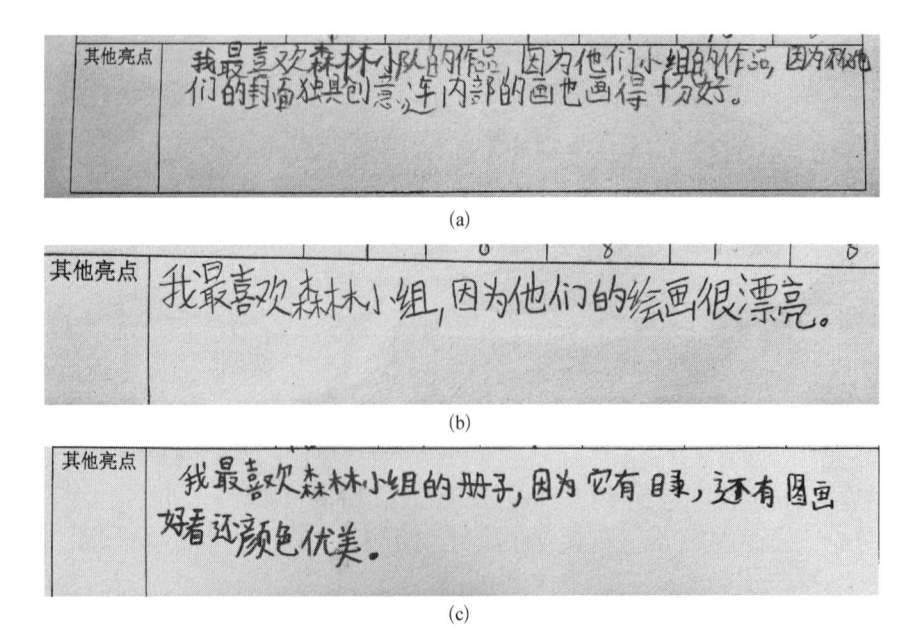

图 7　团队作品评价的学生评语

三、项目反思与展望

(一) 项目优势

1. 对于学生

第一,对于这个项目活动,学生参与的积极性很高,项目也确实充分调动了学生的各项潜能。学生通过课堂学习进行了语言和知识的积累,再选择自己喜欢的季节进行拓展探究。利用思维导图,把写作的思路先梳理出可以进行描述的方面,再通过句型的整合和查找到的资料进行习作书写,把自己喜欢的季节介绍得非常丰富,再加上与季节有关的图案进行美化。学生乐于思考探究和查阅资料,勤于习作,学生们所完成的个人作品远比教师预计的要丰富。在此过程中,学生把习作的内容不断内化,体现了对课内知识的深度理解。学生有自主探究的能力以及主动学习的积极性。所以说,这是一个自主探究和主动学习的过程。

第二,在团队合作中,学生们进行各项分工,把自己的长处发挥到了极致。比如,字迹工整漂亮的学生愿意负责书写部分的工作;有的学生乐意出主意,为团队的作品进行排版设计;擅长绘画的学生,进行美化工作;还有的学生性格外向,喜欢演讲,负责对团队的作品进行宣传和讲解等。每个小组,每位同学都参与到了团队作品的创作中,头脑风暴激发了学生的合作意识和团队友谊,几乎每位学生都有为团队作品尽自己的能力,积极参与其中,这也体现了每个学生的责任意识和荣誉感。同时也在探讨的过程中,学生们对课上的知识进行了无形的内化与运用。

第三,在个人作品和团队作品的展示中,不仅展示的是文字,更展示出学生的思考和创意。每位学生对个人的"季节小导游"的演讲和作品展示、团队的"季节小报"或"季节小册子"进行评价。在评价单和评价表的帮助下,学生从各个方面对作品进行分析和审美,在赏析的过程中,进行思考,提出各自宝贵的建议,并不断从大家的作品中找到亮点,吸取各自的长处,开阔眼界。交流的过程也是一种非常规的学习和知识的接纳。适当的评价活动提升了学生的分析和评价能力,也反映出学生对于不同季节的美的发现。

2. 对于教师

第一,项目活动是以学生为主导的学习方式。教师在传输知识、授课的过程中,往往喜欢包办,生怕学生遗漏知识点,填鸭式的教育往往忽略学生的自主学习能力。而在这个项目活动中,教师通过提供支架式的知识点和支撑,适当地放手,让学生自主对知识点进行整合,主动去探究、查阅自己喜欢的季节。学生通过自己思考和观察进行习作,反而更调动了学生的学习主动性和积极性。通过个人习作和团队的作品展示,促进其主动获取对应的英语学科知识与技能,有效培育英语的学科素养,同时激发学生热爱大自然的情感。所以,教师在课堂中的角色应该是辅助者,学生才是主体是主导者,创智的过程,需要教师与学生在相应的位置进行合理适当的配合。

第二,以往的教学总是以学生个体为课堂的主体,但是在项目化学习中,个体与群体的结合成为这次教学的一个突出的形式。小组学习与探讨形成了学习的共同体。学科实践教学首先需要改变传统的班级授课制,走向学习共同体。所谓共同体,即成员有不同的兴趣,对活动做出各种贡献,并持有多样的观点。因此,共同体就是在尊重差异的基础上的交往群体。学习共同体意味着学生根据不同学习活动和表现性任务的需要,按照"组内异质,组间均衡,灵活分组"的原则,形成学习小组,协作开展探究活动,完成表现性任务。团队任务以小组学习共同体作为一个主体,合作完成团队任务,彼此思维碰撞,形成共识,各自取长补短,完成学习任务,在团队中彼此学习和共同解决问题,这样的学习过程往往比教师"一言堂"的传授更具有效果。

第三,教学相长,建立主体多元、方式多样的评价体系更有针对性。在项目中,有两份评价量表,学生通过评价维度的指标,有针对性地对学生作品和团队作品进行评价。同时,学生也可以通过评价量表的填写和对他人作品的欣赏,来反观和反思自己的作品,从而修改自己的作品,使自己的能力得到提升。

第四,项目活动实现了学科的工具性和人文性的统一。英语学科是一门工具性的学科。作为一门语言类的学科,学生在课上学习语言知识和语法技能,能用上英语这门语言进行工具性的任务。同时,英语作为一门教学育人的学科,还有育人的功能。在这个项目中,学生在探究和介绍季节的过程中,不断发现四季的美,去寻找每个季节独有的特征,以及在四季中特有的人文活动。在这个过程中,学生也了解到了人与自然是如何相处的,人们是如何顺应季节,去做每个季节特有的活动,由此激发学生热爱大自然的品质。这也是育人的价值。

第五,项目活动有助于培养学生乐学善学的学习能力。学习能力对学生实现英语学习目标非常重要,根据《义务教育英语课程标准(2022年版)》中对于学习能力的学段分项特征描述,三至四年级的学生能在教师的指导和帮助下,感受英语学习的乐趣,积极参与合作学习,初步养成良好的学习习惯。乐学善学,学生需要具备学习专注力和意志力,学习能力的培养可以使学生通过多种渠道获取英语学习资源,形成自己的新认识、新思想和新观点。而此次的项目,正是培养学生学习能力的一种方式,学生在学习的过程中,能自主学习,注重合作。这就是学生乐学与善学的目的。

第六,项目活动关注学习支架的使用。学习支架是给予学生独立探索和思考的平台,为学生展示思维过程提供可视化工具,比如思维导图,为学生自主表达观点和想法提供舞台,从而成功外显其内隐的思维过程。在本项目中,教师根据学生需求和知识背景,利用信息技术为学生搭建学习支架,提供支架课程、合作支架、思维支架资源包,帮助学生循序渐进地达成学习目标,使其尝试从多角度观察和了解季节。支架起到了承上启下,帮助支撑学生完成个人作品和团队作品的作用。

第七,教师在课程的设计过程中,也是课程的创生者。课程内容和学生的生活经验建立联系,由此形成对学生有意义的探究主题。依据课标,可以按照真实的情境形成需要学生探究的主题,比如季节主题,让学生成为一名季节导游给远在所罗门群岛的朋友们介绍中国的四季的特征,就是一个课程的情境创作。教师也可以发挥课程的联想,创造出新的情境,引领学生进行课程的参与。

(二) 项目反思

这个项目毕竟和英语学科不可分离,由于学科性的限制,学生的语言有限,年龄有限,完成的是一项对于季节的英语小习作。如果抛开学科特性,学生对于季节的探究会更加深入。但是在活动的过程中,还是必须结合英语教学基于单元整体规划的总方针,强化学科核心素养中对于学生思维能力和学习能力的培养,帮助学生将所学语言知识进行迁移和在真实世界中综合运用。

从评价的主体来说,如果能更多元化,让家长、教师都参与学生成果的评价可能更全面,看到学生的前后成长,帮助其对作品的理解。还有评价的方式可以再多样化些,除了量化的评价量表外,还可以设计一些开放性的留言式的评价表,让学生有的放矢,有更多的机会展示自己对于作品的诠释。

引入项目化学习对于英语教学是一个具有挑战性的尝试,而教师对于项目化的认知其实也是在了解与探索的过程中。而在这个过程中,尝试项目化是需要支架的,常规教学与项目结合的过程也需要教师不断地去尝试和总结,过程是非常宝贵的经验。

我们的动物星球(Our Zootopia)

仰雯玥

"Our Zootopia(我们的动物星球)"项目灵感源于《英语(牛津上海版)》二年级第二学期第二模块的第三单元。在"WOW PBL"课程中隶属"启新：探索自然"项目主题模块中的"守护地球"子项目群。

在教材相关单元中，学生通过对动物(Animals)的学习，理解掌握了不同动物的名称，尝试从不同角度，如大小、颜色、喜好、能力等角度介绍不同动物。二年级的学生初步开始理解并运用思维导图，体会介绍的逻辑性。

在项目中，借助为学生喜欢的动画《疯狂动物城》(*Zootopia*)的新动画创造新角色的驱动性问题，鼓励学生了解动物的不同特点，设计并介绍自己创造的动物形象，将语言迁移运用到有趣味性和挑战性的问题中。

本项目历经5课时，项目各阶段课时安排如表1所示。

表1　项目各阶段课时安排

项 目 阶 段	课 时 安 排
问题提出	1课时
项目探索	2课时
成果研发	1课时
项目小结	1课时

一、项目设计

(一) 项目目标

1. 语言能力

(1) 能知晓并初步运用常见的野生动物类名称，如 giraffe(长颈鹿)、snake

(蛇)、elephant(大象)、zebra(斑马)等。

（2）能理解与运用"— What are they? — They are ..."等问答复数动物的名称，能运用"They are ... They're ... They have ... They can ... They like eating ... I like/don't like ..."等句型对动物特点进行合理描述。

（3）能合理运用"— Do you like ...? — Yes, I do./No, I don't.""I like it very much."等进行具体到动物的喜爱的问答与表达。

2. 学习能力

（1）学生开始尝试对自己的学习任务进行监控和管理，学习使用项目化学习工具，尝试规划、安排学习进度。

（2）乐于参与英语实践活动，能借助多种渠道或资源学习英语，能与他人合作，共同完成学习任务。

3. 思维品质

在项目开展中，学生搜集、获取与动物有关的资料，能对动物的图片和视频进行观察并获取信息，从不同方面描述不同动物。

（二）挑战性问题

1. 本质问题

如何了解并介绍一个动物？

2. 驱动性问题

迪士尼将筹划大家感兴趣的动画片《疯狂动物城》的续集，现在向大家征集动画中的新角色建议，你能为这部动画片创造新的富有特点的动物角色形象吗？(Zootopia II is seeing an international competition and a call for ideas for the animal characters! Can you create a new animal character for this hot movie?)

（三）预期成果

1. 成果形式

（1）个人成果：My Zootopia Home(我家的"动物星球")。以自己身边的家人和朋友为原型，介绍自己的"动物星球"。

（2）团队成果：_____ Zootopia(_____动物星球)。为动物星球设计多个新的角色形象。

2. 展示方式

（1）个人成果：学生以小组为单位，完成个人成果的交流分享。

（2）团队成果：学生公开展示团队成果。

(四) 预期评价

1. 过程性评价

个人成果"我家的动物星球"分享过程中,通过小组调查和交流,了解不同同学分享的"动物"朋友或家人,评价同学正确使用核心词汇和句型,以及询问获取信息的能力。评价关注学生是否能正确说出动物的名称,是否能用"What are they?""What is it?"进行询问以及作出回答。

2. 终结性评价

根据团队成果"_____动物星球",设计表现性量规进行评价,包含对于角色设计(角色形象是否生动、角色介绍是否丰富)、现场展示(语言表达是否清晰、团队合作是否默契)两大角度的评价。

二、项目实施

(一) 问题提出

1. 驱动性问题提出

教师向学生说明项目背景。

2. 分解驱动性问题

教师帮助学生理解驱动性问题后,引导二年级学生进一步思考,为完成项目成果需要了解什么知识、掌握什么技能。二年级学生虽已有一年级的迷你项目经历,但对项目的具体实施过程缺少整体认知,因此在教师的帮助下理清项目思路,将驱动性问题分解为以下四个子问题:

> 子问题1:我们的Zootopia可能有哪些动物?
> 子问题2:如何介绍不同的动物形象?
> 子问题3:创造什么样的动物角色?
> 子问题4:如何让其他人更好地了解我们设计的角色?

3. 确定项目日程与任务

教师与学生共同讨论各项任务所需的时长和对应的时间节点,共同约定最终成果展示时间,教师帮助学生使用《项目化学习学生手册》中的"周而复始"明确项目日程与安排。

4. 组队与分工

二年级学生已有一定的分工合作经历，学生在以往的班级小队活动中常常通过合作的方式开展课内与课外的各项活动，小组成员相互熟悉，相处和谐。教师和学生讨论后，共同商议并决定根据学生已有的小队进行分组。

学生团队在讨论后重新确定了在此项目中的团队名、负责人，通过"小组分工表"，确定了不同成员的分工和各自完成任务的时间节点。

(二) 项目探索

1. 子问题 1：我们的 Zootopia 可能有哪些动物？

步骤 1：头脑风暴。鼓励学生以小组为单位，进行动物名称的头脑风暴。学生在一二年级的学习中已学习和了解了一些动物，如 chick(小鸡)、duck(鸭子)、dog(狗)、cow(奶牛)等。此外，由于动物是学生感兴趣的话题，学生在课外的学习中，通过绘本、动画片等多种方式，也知晓了不少动物名称的英语表达。考虑到学生可能不会拼写部分动物单词，他们可以写出或画出自己能想到的所有动物。

图 1 学生小组进行头脑风暴

在头脑风暴的过程中，有的小组采用专人负责书写、绘画，其他成员口述，提供思路的合作方式。有的小组单人的书写/绘画速度较慢，其他小组成员也希望参与书写和绘画。因此，为方便全体学生开动脑筋、积极参与，教师提供爱心便签，学生根据自己的喜好和需求选取不同颜色或大小的便签，小组成员可以在讨论后各自在便签上写/画上自己能想到的动物。学生对动物的旧知和情感在头脑风暴中不断被唤醒。

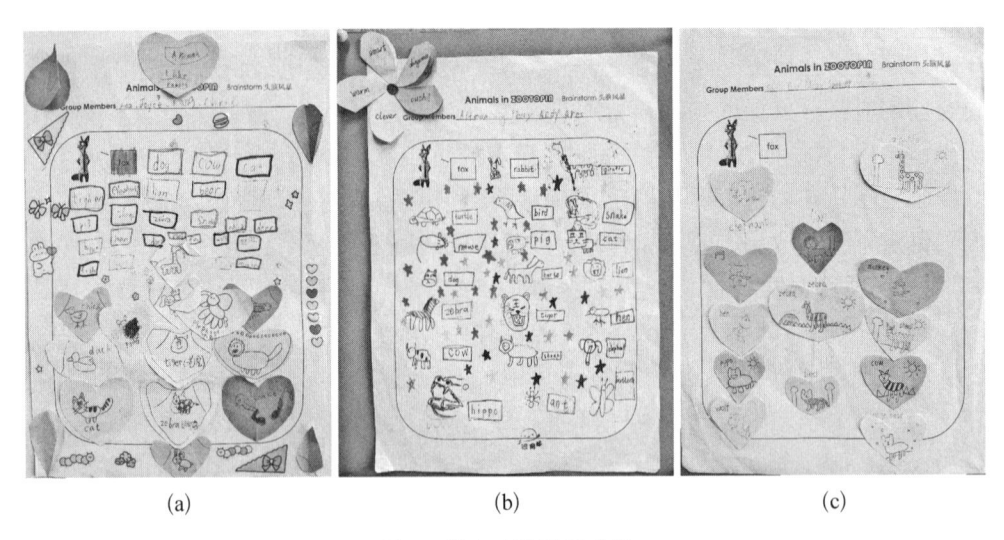

170　通往智慧的阶梯 2——小学英语项目化学习实践方略

(a)　　　　　　　　　　　(b)　　　　　　　　　　　(c)

图 2　学生头脑风暴成果

步骤 2：我家的"动物星球"(My Zootopia Home)。动画中所设计的动物形象往往具有人类的特性，这种拟人化的方式赋予了动物角色更多的生命力和表现力，也更加地深入人心。反之，人类的某些特点和特征也能够与动物建立某种联系。因此鼓励学生以自己和身边最熟悉的朋友/家人为形象，带入对应的动物形象，将其比喻成动物，完成 My Zootopia Home。学生需要在两者之间建立联系，有的同

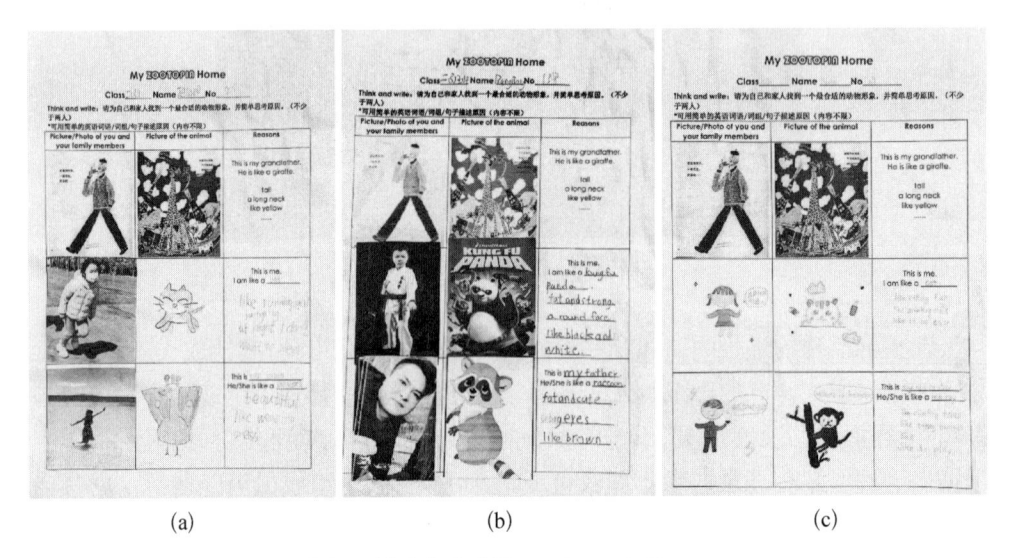

(a)　　　　　　　　　　　(b)　　　　　　　　　　　(c)

图 3　学生个人成果 My Zootopia Home

学将妈妈比作孔雀(peacock),因为照片中妈妈所穿的衣服和孔雀相似,且妈妈在她心中的形象是和孔雀一样美丽的;有的同学将爸爸比作浣熊(raccoon),因为爸爸和浣熊一样有着一双大眼睛,喜欢的颜色也是浣熊的棕色;有的同学将自己比作猫咪(cat),因为自己和猫咪一样喜欢吃鱼、喝牛奶。

学生在 Zootopia Home 的联想中,丰富了其内心对于动物角色的认识,也让 Zootopia 走入学生的身边,进一步感受动物角色应有的生命力和表现力。

2. 子问题 2:如何介绍不同的动物形象?

步骤 1:观察动画角色。学生观看动画片《疯狂动物城》,在观看过程中学生需要仔细观察并记录主人公 Judy(兔朱迪)和 Nick(狐尼克)的信息,可以在小组中讨论和分享各自的观察成果,完成兔朱迪和狐尼克的信息卡(Information Card)。信息卡中包括以下内容:性别(Gender)、颜色(Colour)、外表(Appearance)、性格(Personality)、职业(Job)、喜好(Likes)、能力(Abilibties)、角色台词(Quote)。考虑到二年级学生书写能力相对较弱,所以部分信息采用了选择的方式让其勾选。

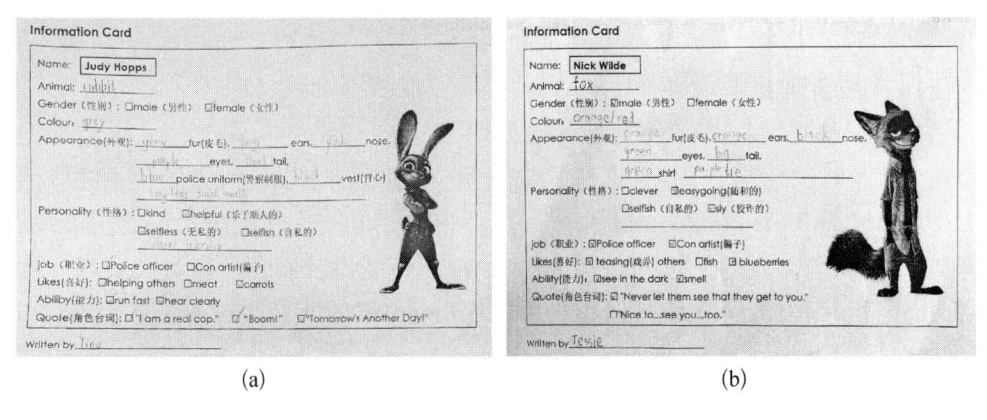

(a)　　　　　　　　　　　(b)

图 4　《疯狂动物城》角色信息卡

步骤 2:尝试归纳,发现需求。在学生完成了信息卡后,教师询问学生是否能根据信息卡上的内容介绍兔朱迪或狐尼克,大部分学生的介绍存在大量语法错误。教师请学生团队讨论,如何使用对应的句型介绍兔朱迪或狐尼克的颜色、外表、能力、喜好等。在讨论中学生发现组内大部分同学的句型使用存在错误,或者难以找到匹配的句型。如介绍外形,英语能力较强的同学也有些迷茫,无从下手。因此,教师提出可以帮助大家开展一堂语言支架课程,从而有效掌握对应语言。

步骤 3:完成语言支架需求。根据学生需求和表达能力,教师针对性地设计了以 Animal(动物)为主题的支架课程。在此过程中,学生学会从颜色、能力、外表等方面介绍一个动物。

课后,请学生再次讨论、完善对应的句型内容,学生都顺利完成。这张思维导图式的语言支架将为学生后续的角色设计提供对应语言和思维的支持。

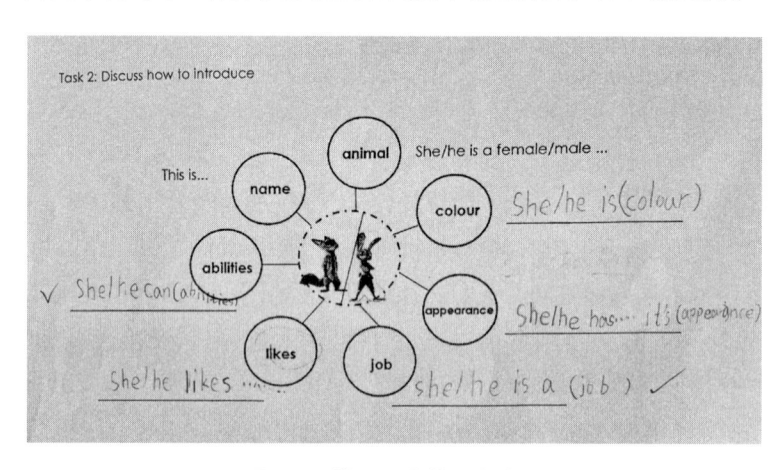

图 5　思维导图式的语言支架

(三) 成果研发

1. 子问题 3:创造什么样的动物角色?

学生小组讨论需要创造什么样的动物角色,根据需求学生可以使用思维导图支架(Our Mind Map in Zootopia)进行讨论和设计。每个小组设计 2 个以上的动物角色,在团队负责人的带领下,学生很快确定了所需设计的角色数量和关系。接着,小组进行组内再分组,在团队设计师(Designer)的带领下,以 2~3 人为一个小团队设计一个形象。

初稿完成后,团队内部分享和讨论所设计的角色,通过检查表(Checklist)对角色的信息完整度进行打分,超过 5 分则组队通过,可以进行下一阶段的设计,反之则需进一步完善角色信息或更换角色。

2. 子问题 4:如何让其他人更好地了解我们设计的角色?

学生在完成成果设计的过程中,同时思考如何在展示汇报的环节,让其他人更好地了解自己设计的角色。学生根据以往的经验,马上提出了可以制作海报和绘本。同时,指导教师提醒学生在展示过程中,如果配以口头的介绍和说明,会让观众更快速地获取信息。

与此同时,教师也提出问题:如何更好地展现动物角色的形象呢?平面的海报和绘本是否能让观众直观感受到角色的外形特征呢?对此,有的同学提出可以绘

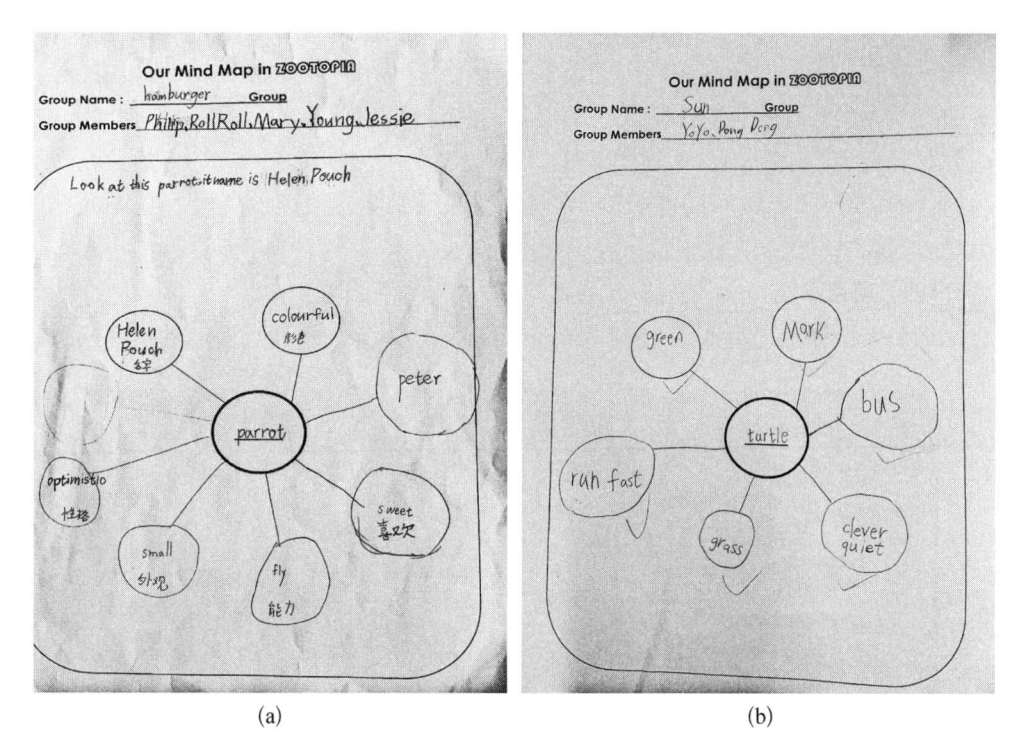

我们的动物星球(Our Zootopia) 173

(a) (b)

图 6 动物角色设计思维导图支架

制一本画册、可以设计一个模型。此外,教师也提供学生对应的信息化工具,将图片形式的动物形象转化为动画效果。学生在教师和家长的帮助下,利用信息化工具将自己设计的动物变为更具生命力的形象,再结合学生配音,为动物角色设计经典台词,增添趣味性和表现力。

(a) (b)

图 7 动物形象转化为动画效果

结合讨论信息,学生团队讨论填写项目化手册中的展示方案表,明确展示的形式和所需的准备。但在学生彩排的过程中,由于二年级同学缺少足够的展示经验,暴露出了不少问题。有的团队没有背出各自的台词,因此需要看着海报或绘本,往往背对着观众,影响观感;有的团队成员只背出了自己的部分,却无法肯定自己前后的台词,成员间无法流畅地衔接。对此,教师帮助学生快速发现了问题,并且提供对应的解决建议和方法。

(四) 项目小结

每个小组都精心设计了 2~3 个 Zootopia 动物角色,他们根据各自的想象和灵

图 8 学生成果展示

感,赋予了这些角色独特的特点和个性。在项目展示日上,每个小组都在现场展示了自己的成果,详细介绍了他们所设计的形象,包括外貌、性格、背景故事等。对于每个角色的设计,他们都进行了充分的探索和思考,以确保每个角色都是有意义的、有生命力的,并且符合Zootopia这个世界的风格和特征。通过这次项目,学生们展现了他们的创造力和团队协作能力,获得了有价值的经验和收获。

教师在学生开始实施项目之前,就向学生出示了多维度的评价量表,旨在让学生了解他们参与的项目的评价标准,进而引导学生开展项目。为了适应二年级学生低年段的特点,教师设计了如下评价表(表2)。评价维度包含表达正确(say correctly)、生动展示(show vividly)、认真聆听(listen carefully)、积极思考(think positively)、主动学习(study actively)。评价的主体包括学生自己和同组成员。学生不仅需要完成自我评价,还需要完成对组内成员的评价。评价内容以英语学科核心素养为基础,围绕语言能力、学习能力和思维品质三个维度,进行多样化的评价。此外,项目的评价还特别强调对学生情绪体验的评价,鼓励学生与自己对话,关注他们的学习心理状态。这种评价方法体现了育人导向,使学生在项目过程中能够发现自己的成长和进步。

表 2 学 生 评 价 表

评价内容 Items	自 评 Self-assessment	组 评 Peer-assessment
表达正确 (say correctly)	☆☆☆☆☆☆	☆☆☆☆☆☆
生动展示 (show vividly)	☆☆☆☆☆☆	☆☆☆☆☆☆
认真聆听 (listen carefully)	☆☆☆☆☆☆	☆☆☆☆☆☆
积极思考 (think positively)	☆☆☆☆☆☆	☆☆☆☆☆☆
主动学习 (study actively)	☆☆☆☆☆☆	☆☆☆☆☆☆

三、项目反思与展望

(一) 对于学生

第一,促进低年级学生的英语学习兴趣,让学生初步感受到英语学习的语用价值。在具有真实性和挑战性的项目中,激发学生的学习兴趣,点燃学生的学习热情,促进良好的英语学习习惯的养成,增强学生的语言表达能力。

第二,促进二年级学生与中高年级英语学习的有效衔接。由于中高年级的英语学习对写作要求较高,学生需要具备一定的思维能力,能够撰写有逻辑性的英语小作文,并且需要掌握扎实的英语拼写能力,从而能够正确地书写单词。这些技能在低年级就需要逐渐培养,以便学生能够更好地适应更高年级的英语学习。

第三,促进低年级学生的项目思路的形成,并且逐渐培养学生的项目技能。在这个过程中,学生不仅能够初步形成项目化学习所需要的团队合作能力,还能够发展学习能力和批判性思维等,这些技能将对学生未来的学习和生活都有很大的帮助。

(二) 对于教师

依据《义务教育英语课程标准(2022年版)》,低年级的英语教学主要以口头训练为主。但考虑到杨浦小学学生的实际英语学习水平,简单的听说训练远不能满足学生的学习需求和表达需求。因此根据学生的学情,结合学习内容开展对应主题的项目化学习,可以帮助教师丰富教学内容,设计与学生学情相匹配的学习活动,让教学更具价值与意义。同时,增强教师开展教育教学的积极性,促进教师在专业领域的成长与发展。

此外,从低年级开始开展项目,有助于教师更好地了解学生。在以往从中高年级起引导学生开展项目化学习,教师需要花较多的精力帮助学生转变学习思路,让学生不再依赖教师,独立开展学习活动。因此,从低年段开始鼓励学生参与项目实践,有助于促进学生从小养成自主学习的习惯,逐渐养成批判性思维、团队合作的意识。教师可以由简至繁地设计项目,根据学生能力不断调整项目设计,平衡"教"与"学",在项目实践中与学生共成长。教师与学生从低年段开始连续性地开展项目,也有助于教师不断观察和追踪学生的成长变化,从而更多总结项目化学习的经验和教训,设计和完善其教育教学方式。

参考文献

[1] PBLWorks-Buck Institute for Education. Gold Standard PBL：Essential Project Design Elements[EB/OL].(2019-03-26). https：//www.pblworks.org/what-is-pbl/gold-standard-project-design.

[2] 巴克教育研究所.项目学习教师指南——21世纪的中学教学法：第2版[M].任伟,译.北京：教育科学出版社,2008.

[3] 薄俊生.以整体性学习促进学生全面发展[J].江苏教育研究,2023(9)：42-45.

[4] 蔡永妹.PBL教学模式对高中学生英语写作成绩的影响[D].苏州：苏州大学,2017.

[5] 曹梅.基于思维品质提升的小学英语项目化学习研究[J].新智慧,2021(27)：82-84.

[6] 曹旭芳.基于项目化学习的小学英语综合性作业设计探索[J].小学生(中旬刊),2023(2)：43-45.

[7] 车建琴.指向学科核心素养的小学英语项目化学习研究[J].上海课程教学研究,2021(11)：55-60.

[8] 陈洪珠.单元视域下小学英语课堂项目化学习的实践探究——以外研版《新标准英语》六年级上册Rules主题单元为例[J].中小学教学研究,2023(2)：31-36.

[9] 陈蕾.基于教材阅读开展英语项目化学习探究[J].校园英语,2022(11)：73-75.

[10] 陈晓雯."双减"背景下小学英语项目化学习单元作业设计初探[J].小学教学设计,2023(Z3)：142-144.

[11] 陈雪燕.基于项目化学习的初中英语教学模式研究[J].校园英语,2019(41)：84.

[12] 仇丽萍.PBL教学在小学英语阅读教学中的应用探究[J].智力,2020(7)：55-57.

[13] 崔静梅.基于教材整合的小学英语项目化学习实践[J].教学月刊小学版(综合),2022(5):35-38.
[14] 崔静梅.项目学习下的小学英语阅读教学实践与探究[J].辽宁教育,2019(9):85-87.
[15] 邓彤.小学英语项目式学习设计与实践研究[D].西安:陕西师范大学,2021.
[16] 都书文.促进深度理解的高中数学项目化学习设计研究[D].无锡:江南大学,2022.
[17] 范从娟.小学英语项目化学习主题确立的实践探索[J].中小学教学研究,2021(6):16-19.
[18] 付桂英.指向深度学习的高中英语学科项目化学习实施探究[J].中学生英语,2023(16):73-74.
[19] 傅廷柱.基于项目化学习的英语主题式大单元学习研究[J].校园英语,2022(16):45-47.
[20] 傅廷柱.基于项目化学习的英语主题式大单元学习研究——以仁爱版初中英语八下Unit5为例[J].校园英语,2021(45):99-100.
[21] 高婧.PBL在小学高年级英语写作教学中的应用[J].校园英语,2020(40):135-136.
[22] 高琼.基于项目化学习的单元学习活动设计初探——以牛津英语4AM4U2 At The Century Park单元为例[J].现代教学,2023(11):63-64.
[23] 顾晓菊.小学英语项目化学习模式的应用[J].教师博览(科研版),2019(10):36-37.
[24] 顾晓萍.基于项目化学习的小学英语单元作业设计探究[J].新课程研究,2023(16):92-94.
[25] 郭玥,张瑜婷.表现性评价在英语项目化学习中的运用——以初中英语整本书阅读为例[J].基础教育课程,2023(3):66-73.
[26] 国红延,王雅媛,李慧芳.利用项目式学习优化初中英语综合实践活动课程[J].中小学外语教学(中学篇),2021(7):19-23.
[27] 何香萍.小学英语项目化学习中的单元教学策略[J].现代基础教育研究,2022(3):223-228.
[28] 贺慧,陈倩.大概念统整下的学科项目式学习设计[J].天津师范大学学报(基础教育版),2021(1):51.
[29] 洪微.新课标下基于设计思维的初中英语项目化学习设计与思考[J].校园英

语,2023(23):88-90.
[30] 胡佳怡.项目式学习及其实践困境的突破[J].教学与管理,2021(31):5-8.
[31] 胡美如,肖龙海.双线融合视角下的英语项目化学习设计[J].课程·教材·教法,2021(10):86-92.
[32] 黄磊.基于单元的初中英语项目化学习活动设计[J].现代教学,2022(5):14-15.
[33] 黄思佳.初中英语"以读促写"项目化学习评价初探[J].现代教学,2022(7):12-13.
[34] 黄小燕,姚晶晶.例谈小学英语项目化学习的教学设计[J].中小学外语教学(小学篇),2018(2):1-6.
[35] 嵇旭明.指向学科核心素养的小学英语项目化学习研究——以译林版小学英语五年级下册Unit7"Chinese festivals"为例[J].新智慧,2023(16):68-70.
[36] 贾静茹.初中信息技术项目式学习中问题支架的设计与应用研究[D].济南:山东师范大学,2022.
[37] 姜玲.初中英语应用文写作中的项目化学习巧用研究[J].中学生英语,2023(8):11-12.
[38] 姜男男,李广.中学英语项目式学习的价值、内容与路径[J].教学与管理,2022(16):61-64.
[39] 蒋玉中.英语项目式学习的要素与实践[J].教学与管理,2020(4):58-61.
[40] 金舜英.浅谈PBL在小学英语教学中的应用[J].现代教育科学(小学教师),2012(1):146+108.
[41] 李冰.小学英语项目化学习的教学策略[J].天津教育,2022(30):156-158.
[42] 李静.基于单元主题的小学英语项目化学习实施策略研究[J].天津教育,2023(10):173-175.
[43] 李丽华.浅探小学英语项目化学习实施途径[J].新教育,2020(26):44-45.
[44] 李倩.核心素养培养的小学英语项目学习实践与思考[J].智力,2022(2):148-150.
[45] 李睿.初中英语项目式学习的设计与反思[J].教育科学论坛,2022(13):13-17.
[46] 李恬平.小学英语项目化学习研究[J].基础教育研究,2021(13):75-77.
[47] 李威峰.初中英语学科项目化学习:定义、内涵和实施路径[J].教学月刊·中学版(外语教学),2023(4):21-26.

[48] 李欣.初中英语项目化学习活动有效性研究[J].中学生英语,2022(44): 129-130.

[49] 李志河,张丽梅.近十年我国项目式学习研究综述[J].中国教育信息化,2017 (16):52-55.

[50] 李忠,水冰,汪邵飞.基于数据,设计以"学"为中心的课堂学习活动[J].杨浦教育,2021:106-111.

[51] 李忠.通往智慧的阶梯——项目化学习,我们这样表达[M].上海:上海社会科学院出版社,2021.

[52] 梁晓慧.基于支架理论的项目式学习模式在高中英语写作教学中的行动研究[D].杭州:杭州师范大学,2022.

[53] 刘琳琳.基于单元主题的小学英语项目化学习实践策略[J].天天爱科学(教学研究),2023(7):164-166.

[54] 刘敏.例谈基于项目化学习的初中英语单元整体教学[J].教育视界,2021 (27):74-77.

[55] 刘武斌,何永新.以项目化学习推进农村学校初中英语整本书阅读[J].教学月刊·中学版(外语教学),2023(3):39-44.

[56] 柳晓萍.高三英语复习:以项目化学习的方式[J].教育视界,2023(21): 74-77.

[57] 卢大道.高中英语"读思达"项目化学习实践研究[J].中学生英语,2023(28): 121-122.

[58] 卢晓芳.基于PBL模式的英语教学模式创新探索[J].新课程教学(电子版), 2021(16):31-32.

[59] 卢雅琴,曹辉.项目化学习推动英语课堂教学[J].海外英语,2020(14): 141-142.

[60] 陆坊庆,陆丽萍,姜尚京.项目化学习:让知识学习从"散点"走向"聚合"——以译林版英语五年级下册Project 1 Around our city教学为例[J].中小学课堂教学研究,2023(8):57-60.

[61] 陆叶丰,李娟,胡美如,等.项目化学习能有效提升学业成绩吗——基于44项实验和准实验研究结果的元分析[J].湖南师范大学教育科学学报,2023(3): 105-113.

[62] 陆煜烨.开展项目化学习 提升学生的英语阅读能力[J].英语画刊(高中版), 2023(12):22-24.

[63] 罗菁.让项目化学习赋能小学英语课堂[J].求知导刊,2023(12):32-34.
[64] 马琳.小学高年级英语单元教学中开展项目式学习的应用研究[D].天津:天津师范大学,2021.
[65] 潘凌.项目化学习在初中英语课堂中的应用[J].中学教学参考,2023(21):21-23.
[66] 彭飞娥.基于项目式课程的学习评价——以英语项目式学习为例[J].教育信息技术,2014(6):18-22.
[67] 乔玉玲,郭莉萍.PBL教学法在大学英语阅读教学中的应用[J].教育理论与实践,2011(30):58-60.
[68] 邱丽花.例谈基于单元主题的小学英语项目化学习[J].中小学外语教学(小学篇),2022(7):12-17.
[69] 任姝燕.基于大单元主题意义引领的初中英语项目化学习[J].校园英语,2022(15):162-164.
[70] 桑国元,叶碧欣,黄嘉莉,等.构建指向中国学生发展核心素养的项目式学习标准模型[J].中国远程教育,2023(6):49-55.
[71] 沈柳.项目化学习融入小学英语戏剧教学初探[J].校园英语,2022(3):30-32.
[72] 沈启正.项目式学习中表现性评价的设计[J].基础教育课程,2020(23):66-74.
[73] 沈文艳.基于项目化学习的初中英语听说整合教学创新研究[J].校园英语,2022(38):27-29.
[74] 沈晓燕.学科核心素养引领下的初中英语项目化学习——以"'Love me, love my hometown'用英语讲好家乡故事"项目为例[J].现代教学,2022(Z3):123-124.
[75] 史改先.高中英语阅读教学中项目化学习方案分析[J].考试周刊,2023(15):93-96.
[76] 史茜.核心素养视域下小学英语项目化学习实践研究[J].基础教育论坛,2021(33):95-96.
[77] 宋海涛.PBL学习在英语语法教学中的应用初探[J].小学教学参考,2021(21):51-52.
[78] 汤芬芬.项目化学习在小学英语教学中的探究应用[J].教学管理与教育研究,2021(20):48-49.

[79] 万姝,鲍闽芳.基于单元整体的初中英语项目化学习设计[J].教学与管理,2023(22):41-44.

[80] 万姝.基于主题意义探究的英语项目式学习[J].中小学外语教学(中学篇),2021(10):1-6.

[81] 王笛.项目式教学法在高中英语教学中应用的行动研究[D].长春:东北师范大学,2020.

[82] 王丽华.基于STEM理念的小学英语项目化学习的实践与思考[J].新课程导学,2020(30):29-30.

[83] 王英红.项目化学习理念在小学英语复习课堂中的应用[J].教师博览,2022(27):41-42.

[84] 王咏梅,羊秀明.小学英语跨年段项目化学习的实践探索[J].江苏教育,2023(1):56-58+63.

[85] 王钰.素质教育视角下初中英语项目化学习探微——例谈"学习中心"下课堂教学变革[J].校园英语,2022(9):124-126.

[86] 王月.在小学英语教学中运用PBL教学模式的实践[J].教育界,2020(41):42-43.

[87] 韦梦婷.项目化学习赋能校园英语戏剧文化活动创设——以"中国故事,世界表达"主题项目为例[J].英语教师,2023(4):35-38.

[88] 吴海惠.小学英语微项目化学习例谈[J].小学时代,2020(6):19-20.

[89] 吴慧洁.项目化学习在小学英语单元整体教学中的应用[J].现代教学,2021(11):47-48.

[90] 吴健.基于思维品质提升的小学英语项目化学习[J].天津教育,2022(21):63-65.

[91] 吴静怡.基于初中英语主题式大单元教学的项目化学习——以仁爱版初中英语八年级上册Unit 1 Playing Sports为例[J].中学课程辅导,2022(34):72-74.

[92] 吴姗.基于主题意义探究的小学英语项目化学习实践策略[J].教育界,2023(24):125-127.

[93] 吴婷.项目式学习在小学英语词汇教学中的应用研究[D].淮北:淮北师范大学,2020.

[94] 吴婷婷.基于思维品质提升的小学英语项目化学习研究[J].文理导航(上旬),2021(10):46-47.

[95] 吴臻一.对焦素养,启迪思维——基于PBL教学法的英语阅读教学策略研究[J].小学教学研究,2022(20):63-65.

[96] 夏雪梅,崔春华,刘潇,瞿璐.学习素养视角下的项目化学习:问题、设计与呈现[J].教育视界,2020(10):22-26.

[97] 夏雪梅,刘潇.素养视角下中美数学项目驱动性问题设计的比较研究[J].全球教育展望,2022(7):45-61.

[98] 夏雪梅.跨学科项目化学习:内涵、设计逻辑与实践原型[J].课程·教材·教法,2022(10):78-84.

[99] 夏雪梅.项目化学习如何在学校中真实生长,而不沦为"点缀"[J].上海教育,2018(34):17.

[100] 夏雪梅.项目化学习中"教师如何支持学生"的指标建构研究[J].华东师范大学学报(教育科学版),2023(8):90-102.

[101] 夏雪梅.学习工具支持更好的课堂[J].上海教育,2023(12):52.

[102] 夏雪梅.指向创造性问题解决的项目化学习:一个中国建构的框架[J].教育发展研究,2021(6):59-67.

[103] 夏雪梅.项目化学习设计:学习素养视角下的国际与本土实践[M].2版.北京:教育科学出版社,2021.

[104] 肖晶.基于单元视角的小学英语项目化学习指导策略[J].教育视界,2022(27):48-51.

[105] 徐进霞.基于教材的小学英语项目式学习实践[J].中小学外语教学(小学篇),2021(12):38-44.

[106] 杨晨.小学数学项目化学习的设计与实施研究[D].扬州:扬州大学,2023.

[107] 杨凡虹,杨琪.目标·评价·活动:基于项目化学习的初中英语写作教学逆向设计实施路径[J].教学月刊·中学版(外语教学),2023(5):67-73.

[108] 杨佳晨.基于整本书阅读的初中英语跨学科项目化学习研究——以《吹小号的天鹅》一书的教学为例[J].现代教学,2022(Z3):159-160.

[109] 杨佳梅.基于思维品质提升的小学英语项目化学习[J].启迪与智慧(中),2021(11):53-54.

[110] 杨洁.浅谈PBL教学模式在小学英语阅读教学中的应用[J].英语教师,2020(12):79-81.

[111] 杨玲.如何设计小学英语项目化学习[J].天津教育,2022(16):183-185.

[112] 杨敏婕.单元视角下的小学英语项目化学习的设计与实施——以"校园安全"

小学英语项目化学习为例[J].现代教学,2022(5):15-16.

[113] 杨书颖.项目化学习在高中英语阅读教学中的应用研究[D].湘潭:湖南科技大学,2021.

[114] 杨玉,侯丽梅,闫锋.新工科背景下基于项目化学习的"理工学术英语"混合式教学实践研究[J].中国ESP研究,2022(4):21-28+122.

[115] 姚盼昀.浅议核心素养背景下英语学科项目化学习[J].校园英语,2019(41):198.

[116] 于媛媛.核心素养视域下小学英语项目化学习策略初探[J].中国多媒体与网络教学学报(下旬刊),2022(10):54-57.

[117] 岳志坚,许敬.PBL教学模式在小学英语阅读教学中的应用[J].基础外语教育,2018(6):72-78+111.

[118] 张红梅.项目化学习的定义、兴起原因及开展策略[J].福建教育,2021(6):9-11.

[119] 张华.让学生创造着长大——2022年版义务教育课程方案和课程标准核心理念解析[M].北京:教育科学出版社,2022.

[120] 张乐群,胡蝶.小学英语单元整体项目化教学的设计要点[J].江苏教育研究,2022(31):67-71.

[121] 张丽宁.小学英语项目化学习的实践与思考[J].江苏教育,2022(17):52-54+59.

[122] 张曼菁.初探项目化学习在小学英语教学中的运用[J].上海教育,2019(Z2):115.

[123] 张天姝.EDIPT模型下的初中英语项目式学习探究[J].校园英语,2023(23):64-66.

[124] 张晓丹.基于项目化学习的初中英语教学模式研究[J].校园英语,2021(25):225-226.

[125] 张燕.英语课堂中的项目化学习[J].英语画刊(高中版),2023(6):40-42.

[126] 赵庆,吴建新.以项目化学习为核心的初中英语整本书阅读教学研究[J].中学生英语,2022(32):123-124.

[127] 赵晓宇,林炳祥.项目化学习在小学英语教学中的应用——以"MySchool"教学为例[J].中小学电教,2020(12):73-75.

[128] 郑梅娟.核心素养视域下的小学英语项目化学习策略初探[J].校园英语,2020(34):218-219.

[129] 郑梅娟.项目化学习视角下的小学英语课堂驱动性问题设计[J].校园英语,2022(9):151-153.

[130] 中华人民共和国教育部.义务教育英语课程标准:2022年版[M].北京:人民教育出版社,2022.

[131] 周慈航.项目化学习培育小学生英语学科核心素养初探[J].现代教学,2019(S2):8-10.

[132] 周郁康.基于项目化学习的初中历史教学策略研究[D].杭州:杭州师范大学,2022.

[133] 朱敏会.小学英语项目化学习的特征与路径研究[J].小学教学设计,2023(21):15-18.

[134] 左菁.项目化教学在初中英语教学中的运用[J].试题与研究,2022(13):1-3.

后　记

You can enjoy a great sight; by climbing to a greater height.
（欲穷千里目，更上一层楼。）

——许渊冲译《登鹳雀楼》（节选）

  光阴荏苒，两年余的时光转瞬即逝，《通往智慧的阶梯2》诞生了。这是我们与PBL展开的又一段美妙的故事，文字的力量在我们的心中绽放，感恩的心绪洋溢在我们的胸膛。在此，我们要感谢两位引路人，他们就像黑夜中的灯塔在英语教学的茫茫大海中为我们指明方向：一位是为本书作序的朱浦老师，另一位是为我们的案例做出精彩点评的祁承辉老师。他们兢兢业业的精神，细致入微的指导令我们受益匪浅。这段故事也离不开所有一同辛苦付出、艰难求索的杨浦小学英语教研组的老师们。谨代表杨浦小学项目化学习先锋队所有成员致以最真挚的感谢。

  2019年的春天是故事的起点。当时，我们受学校委派参加上海市学习素养项目化学习种子教师工作坊，第一次听到了"项目化学习"这个名词。在专家引领下，在同伴的互相研讨交流中，项目化学习逐渐揭开了神秘的面纱。为了完成工作坊的任务，同时带着对项目化学习的一丝丝质疑和好奇，项目化学习先锋队的小伙伴们大胆地在英语学科中进行了尝试，于是，我校第一个英语学科项目"我是杨小首席宣传官"诞生了。后来，用一句现在的流行语来描述就是，杨浦小学项目化学习的齿轮开始转动……项目化学习先锋队不断地探索实践，设计并实施了多个英语学科项目，完成了各种展示任务和教学评比，屡屡获得佳绩。

  在一次次的入项和出项中，我们逐渐陷入了沉思：我们设计的案例是真正的英语学科项目化学习吗？我们的学生真的在参与这些项目的过程中获得成长了吗？他们真的学到知识了吗？能力真的得到提升了吗？……在与学生、家长、专家团队交流后，我们得到了这样的答案：他们非常喜欢项目化学习这样的学习方式。自从接触了项目化学习后，孩子们经常追着先锋队的老师问："我们什么时候再做一个项目？"很多家长跟老师联系时，也都提到了孩子的变化，学生在学习上更积极更主动了，变得更有活力了。先锋队的老师们也在项目化学习不断推进的过程中切实感受到，学生遇到真实情境中的问题时越来越有自己的想法，解决问题的能力越来越强。我们不禁想到，如此有益的教学方式能否惠及更多老师和学生？

故事的发展并不总是一帆风顺的，就好像当初的我们，很多 PBL 新手老师难以接受"项目化学习"这一概念，即便接受了，也无从下手。好在项目化学习先锋队苦苦思索，会议室的灯光照亮了我们一轮又一轮的旅程：研读文献、请教专家、不断实践……英语学科项目化学习 PEPS 模式，从最初的雏形到最终的定稿，是我们用心智和汗水锤炼的结晶，也是为更多教师在课堂中实施项目化学习所铸造的智慧的阶梯。

故事到这里并没有结束。《义务教育英语课程标准(2022年版)》颁布后，我们发现，零散的、随机的学科项目不足以匹配新课标提出的要求。山重水复疑无路——如何将项目目标和课程目标进行协调和统一？项目的设计如何体现课程育人价值，帮助学生提升核心素养？为此，我们英语教研组全情投入，研读新课标，迭代学科项目，形成了"WOW PBL"英语学科项目化学习课程。

在这个美好的瞬间，感慨万千。回望过去，轻舟已过万重山。亲爱的读者，请接受我们书中的感激和深情，我们希望能够和你们一起分享这份喜悦和自豪。感谢那个美丽的春天，感谢我们的故事。希望在这条道路上同行的伙伴们都能不忘初心，也希望未来能有更多的志同道合的老师参与英语学科项目化学习的研究和实践！

在未来的日子里，我们会继续书写属于我们的项目化学习的故事，让文字在岁月的长河中流淌。愿我们的梦想伴随着我们的故事，飞翔在思绪的天空，永不止息。

杨浦小学项目化学习先锋队
2024 年 1 月于杨浦小学

图书在版编目(CIP)数据

通往智慧的阶梯.2,小学英语项目化学习实践方略 / 李忠主编 .— 上海 : 上海社会科学院出版社,2024
　　ISBN 978 - 7 - 5520 - 4334 - 1

Ⅰ.①通… Ⅱ.①李… Ⅲ.①英语课—教学研究—小学　Ⅳ.①G622.3

中国国家版本馆 CIP 数据核字(2024)第 052989 号

通往智慧的阶梯 2——小学英语项目化学习实践方略

主　　编:李　忠
责任编辑:应韶荃　赵秋蕙
封面设计:黄婧昉
出版发行:上海社会科学院出版社
　　　　　上海顺昌路 622 号　邮编 200025
　　　　　电话总机 021 - 63315947　销售热线 021 - 53063735
　　　　　https://cbs.sass.org.cn　E-mail:sassp@sassp.cn
排　　版:南京展望文化发展有限公司
印　　刷:浙江天地海印刷有限公司
开　　本:710 毫米×1010 毫米　1/16
印　　张:12.5
字　　数:226 千
版　　次:2024 年 4 月第 1 版　2024 年 4 月第 1 次印刷

ISBN 978 - 7 - 5520 - 4334 - 1/G • 1305　　　　　定价:70.00 元

版权所有　翻印必究